广视角·全方位·多品种

权威·前沿·原创

皮书系列为
"十二五"国家重点图书出版规划项目

科学传播蓝皮书

BLUE BOOK OF
SCIENCE COMMUNICATION

中国科学传播报告
（2013~2014）

ANNUAL REPORT ON SCIENCE COMMUNICATION OF CHINA
(2013-2014)

主 编／詹正茂

副主编／卜 勇 孙 颖

社会科学文献出版社
SOCIAL SCIENCES ACADEMIC PRESS (CHINA)

图书在版编目（CIP）数据

中国科学传播报告. 2013～2014/詹正茂主编. —北京：社会
科学文献出版社，2014.7
（科学传播蓝皮书）
ISBN 978 - 7 - 5097 - 6041 - 3

Ⅰ.①中… Ⅱ.①詹… Ⅲ.①科学技术 - 传播 - 研究报告 -
中国 - 2013～2014 Ⅳ.①G219.2

中国版本图书馆 CIP 数据核字（2014）第 106704 号

科学传播蓝皮书
中国科学传播报告（2013～2014）

主 编/詹正茂
副主编/卜 勇 孙 颖

出 版 人/谢寿光
出 版 者/社会科学文献出版社
地 址/北京市西城区北三环中路甲 29 号院 3 号楼华龙大厦
邮政编码/100029

责任部门/皮书出版分社 （010）59367127 责任编辑/郑庆寰 桂 芳
电子信箱/pishubu@ ssap. cn 责任校对/谭晓明
项目统筹/邓泳红 责任印制/岳 阳
经 销/社会科学文献出版社市场营销中心 （010）59367081 59367089
读者服务/读者服务中心 （010）59367028

印 装/北京季蜂印刷有限公司
开 本/787mm×1092mm 1/16 印 张/16.5
版 次/2014 年 7 月第 1 版 字 数/210 千字
印 次/2014 年 7 月第 1 次印刷
书 号/ISBN 978 - 7 - 5097 - 6041 - 3
定 价/69.00 元

出品：中国科学传播研究所
　　　北京燕清联合文化产业发展中心

科学传播蓝皮书编委会

《中国科学传播报告》课题组

组　　　长　詹正茂

课题组秘书　范丽萍

成　　　员　卜　勇　孙　颖　赵世奎　戴　宏　吴　彬
　　　　　　　韩亚栋　刘福兰　余飞莉　刘　伟　丁文亮
　　　　　　　张泉涛

主要编撰者简介

詹正茂　中国科学传播研究所研究员。中国科学学与科技政策研究会理事。从事科学技术与国家发展领域的研究工作，专注于科技的宣传、普及和创新政策。

卜　勇　中国科学传播研究所副研究员。研究领域为科技政策、经济转型、区域创新、公共服务（气象、健康、环保、水利）创新等。

孙　颖　中国科学传播研究所副研究员。研究领域为创新创业政策，科研管理和传播学理论。

摘　要

科学传播是提升国家软实力的重要途径。《中国科学传播报告（2013～2014）》围绕国家软实力提升这一主题，从公众素养、民主决策、生态宣教、卫生环保、网络媒体、人物领袖等方面进行详细论述。全书包括总报告、高层与专家论丛、专题报告与文献述评三个部分。总报告旨在统领主题，提出国家软实力的涵义，阐明科学传播与国家软实力的关系，以及影响国家软实力提升的关键要素，并提出从扩大科学传播范围，加强多领域协作，健全科学传播工作体系，提高科技工作者思想政治素质等几个方面加强科学传播与提升国家软实力的建议。在分报告中，2013～2014年度仍然延续上一年度的做法，邀请了相关领域的专家学者和相关单位的主管负责人，在当前改革新时期新形势下，深入分析我国社会人文、政治、思想、生态、媒介等领域的现实情况和遇到的挑战，并提出了相应对策。全书的分报告以目前的一手数据和材料为主，采用了内容分析法、比较分析法、归纳演绎法、调查研究法、历史资料研究法等多种定量和定性分析方法。作者以其多年的研究积累、深入浅出的写作手法，为本年度科学传播报告贡献了自己的建议，为相关行业和部门决策者提供了重要的参考意见。

Abstract

Science communication is an important way to enhance the state's soft power. Around the the topic of enhancing the state's soft power, we discussed in detail in terms of public awareness, democratic decision-making, ecological education, environmental health, online or media, characters and leaders in *Annual Report on Science Communication of China* (*2013 - 2014*). The book includes three parts: a general report, executives and experts Essays, special reports and reviews of the literature. It is intended to guide the topic of the overall book, proposed the meaning of soft power, clarified the relationship between science communication and soft power, and the key elements of impacting the state's soft power in the general report. We suggest in several aspects including: First, to expand the scope of science communication; Seconed, to strengthen the collaboration among multiple fields; Tird, to improve the science communication system; Last, to improve science and technology workers' ideological and political quality, and so on. In the sub-report, this annual report has continued the previous year's practice, to offer some views of competent leaders and experts in related fields or relevant branches. Under the current new situation of reform and the new era, it presents in-depth analysis of China's social and human, political, ideological, ecological, the reality of the media and other areas. The challenges encountered, the scientific and objective insights are proposed. Based on the first-hand data and information, we use content analysis method, comparative analysis method, induction and deduction method, survey research method, historical materials analysis method, and so on. Based on their accumulation of theory research of many years, vision, and the writing style of simple language, Authors of this annual report contribute their suggestions of related industries and provide a meaningful reference for policymakers about the science communication.

序 一

获悉《中国科学传播报告（2013～2014）》即将出版，我很兴奋！

实事求是是我们党的思想路线，也是科学精神的重要内涵。马克思主义之所以是正确的、科学的，在于其突出强调的就是实事求是的科学精神。早在延安时期，毛泽东同志就指出："无产阶级的最尖锐最有效的武器只有一个，那就是严肃的战斗的科学态度。共产党不靠吓人吃饭，而是靠马克思列宁主义的真理吃饭，靠实事求是吃饭、靠科学吃饭"。改革开放总设计师邓小平同志也指出："过去我们搞革命所取得的一切胜利，是靠实事求是；现在我们要实现四个现代化，同样要靠实事求是。"

普及科学知识，倡导科学方法，传播科学思想，弘扬科学精神，是科学传播和科学普及工作的主要任务。当前，我国正处在为实现中华民族伟大复兴的中国梦奋力前行的关键阶段，做好科学传播工作，具有重要意义。

一方面，通过科学传播在全社会大力弘扬科学精神，能够在全社会形成讲科学、爱科学、学科学、用科学的浓厚氛围，极大提升全民科学素质，促进我国科技事业的发展。同时，做好科学传播工作有助于推动科学成果转化应用，"加快形成少投入、多产出、少排放、多利用的生产方式和消费模式"，推进创新驱动发展战略的实施，把科技成果转化为发展优势，促进我国经济尽快走上内生增长轨道。

另一方面，做好科学传播促进科学知识、科学方法、科学精神

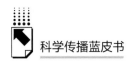

的普及，也为解决好广大党员干部世界观、人生观、价值观这个"总开关"问题提供了新的重要途径。严谨和唯实的科学精神，能够进一步强化广大党员干部对实事求是思想路线的认识，自觉将"三严三实"作为做人准则、行为守则和为政之道，做好人、说真话、干实事，有利于全面提高党的建设科学化水平，全面提高党员干部队伍的素质。

借此《中国科学传播报告（2013～2014）》的出版，我们希望科技界人士及广大党员干部以科学精神筑牢理想信念的根基，大力践行"三严三实"，坚持党的思想路线和群众路线，以社会主义核心价值观为引领，为全面建成小康社会、实现中华民族伟大复兴的中国梦贡献智慧和力量。

中国科普研究会
科研院所书委会　　　　　　　　　王捷

2014年5月30日

序　二

16 世纪英国哲人培根曾说："读史使人明智，读诗使人灵秀，数学使人缜密，物理使人深刻"。在当今时代，科学素养越来越成为人们认识和改造世界能力的体现。公元 1500 年以来，近代科学尤其是自然科学在西方迅猛发展，科学知识在西方广泛普及，极大助推了西方国家的转型和西方文明的强势崛起，进而伴随着资本主义的巨大张力改变了整个人类世界的面目。正是在这种背景下，马克思在其《共产党宣言》中深刻指出："资产阶级在不到一百年的统治中所创造的生产力，比过去一切时代所创造的全部生产力还要多……"

习近平同志在 2014 年 6 月 9 日召开的中国科学院第十七次院士大会、中国工程院第十二次院士大会上的讲话中指出，科技是国家强盛之基，创新是民族进步之魂。自古以来，科学技术就以一种不可逆转、不可抗拒的力量推动着人类社会向前发展。古代中国，勤劳智慧的中国人积聚了以"四大发明"为代表的诸多科学技术成就，曾对人类社会文明进步做出重大贡献。近代中国，科学技术落后造成了国耻民辱的悲惨境遇。现代中国，科学发展助力中华民族伟大复兴，诠释了"周虽旧邦，其命维新"的新内涵。1941 年1 月 31 日，毛泽东同志在给毛岸英、毛岸青的信中讲："总之注意科学，只有科学是真学问，将来用处无穷"。正因为此，"知识就是力量"成为近代以来中国社会进步中最振聋发聩的呼声；民主与科学，成为近代以来中国现代化转型中最生动、最鲜明的底色。

当前，科学技术变革日新月异，大数据、云时代、3D 打印等

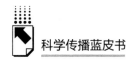

新技术发展方兴未艾；与之相异，各类"假神医"、"伪大师"层出不穷，备受追捧，不断拷问公众的科学素养。党的十八届三中全会明确了"建设社会主义文化强国，增强国家文化软实力"的重要目标；2013 年 12 月 30 日，中共中央政治局就提高国家文化软实力研究进行第十二次集体学习。在此背景下，做好面向大众的科学传播工作，具有重要意义。

科学传播与增强国家软实力之间具有紧密的内在联系。科学是社会主义先进文化的重要组成部分，如果没有科学的参与，文化的发展繁荣就如无根之木。科学传播的重要意义就在于将科学常识和理性精神融入公民的全面发展过程中，对公众的人生观、世界观、价值观产生潜移默化的积极影响，能够推动社会形成尊重科学的社会风尚，形成鼓励创新的浓厚社会氛围，提升公民科学素养，激发青少年投身科学研究和科技创新的热情，努力造就宏大的高素质科学研究队伍，最终增强国家文化软实力。

科学传播是实现国家治理现代化的重要条件。实现国家治理现代化同提高公民科学素养具有高度契合性，良好的科学素养也是公民参与社会生活和国家治理的必备要素。所以，建立以服务大众为目的的科学传播体系，对启蒙公众科学逻辑、训练公众科学思维具有积极作用，有利于人们自觉坚持科学精神、树立科学观点、运用科学方法、提高分析和解决问题的能力，有助于民众对各类社会事件和热点问题做出理性判断，以主人翁精神积极参与国家和社会事务治理，推动国家治理现代化。

科学传播是培育和弘扬社会主义核心价值观的重要阵地。科学传播的价值目标同社会主义核心价值观是高度一致的。例如，热爱祖国、为国争光是"两弹一星"精神、载人航天精神的集中体现。科学传播就是要在新时期不断将"两弹一星"精神、载人航天精神发扬光大，不断凝聚广大科技工作者报效祖国的满腔热血和赤胆忠心，使他们牢固树立热爱祖国、为国争光的坚定信念，不断增强勇于攀登、敢于超越的进取意识，始终秉持同舟共济、团结协作的大局观念，继续传承淡泊名利、默默奉献的宝贵品质，为实现中华民族伟大复兴的中国梦注入强大精神力量。

《中国科学传播报告（2013～2014）》将加大对中国科学文化的宣传力度，大力弘扬追求真理、求真务实、实事求是的社会风气，不断增强中国人的骨气和底气，为科学发展、民族复兴贡献力量！

在本书即将出版之际，中国科学院学部主席团发布《追求卓越科学》一文，再次印证了建构正确的科学价值观，积淀丰厚的科学文化历史，推动中国科学实现跨越发展，是中国大众追求真理的永恒的事业。

目　录

𝔹Ⅲ　专题报告与文献述评

皮书数据库阅读**使用指南**

CONTENTS

Ⓑ I   General Report

Ⓑ II   Expert and Senior Officials Views

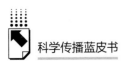
B Ⅲ   Special Reports and Literature Comments

总 报 告

General Report

B.1

拓宽科学传播领域
全面提升国家软实力

中国科学传播报告课题组*

摘 要:

国家软实力是一国的国际影响力,它能够增强本国公众的凝聚力、国外社会的文化吸引力和政策主导力。现阶段,科学传播对国内外经济、政治、文化等方面的影响日趋加强,越来越多的国家开始认识科学传播之于国家软实力提升的必要性和重要性。我国当前正处于社会转型期,同时也是利用科学传播增强国家软实力的机遇期,科学传播提升国家软实力是当前国内传播学学者和政府相关部门决策者

---

* 执笔人:孙颖、刘伟。

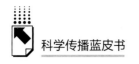
重点关注的问题。本报告详细阐述了国家软实力的内涵、国家软实力与科学传播的关系以及提升国家软实力的要素和措施。

关键词：

科学传播　国家软实力　传播渠道　科学家

当前，网络通信技术、计算机技术迅速发展，媒介不断融合，国际上科学技术交流日益频繁，我们应该重点关注科学传播及其带给国家软实力的积极影响。继 2008 年奥运会和 2010 年世博会之后，中国在世界舞台上出现的频率越来越高，国家软实力已获得实务界和学术界的广泛重视。对于国家软实力，国内外学者给出了界定，然而适合我国现阶段发展的国家软实力概念和提升国家软实力的机制仍存在一些问题。近年来，国家软实力与科学传播关系的相关研究很少，研究者大多将关注点集中于媒介、新闻方面。而在"科学技术是第一生产力"的今天，科学传播成为传播学界的一个重要研究领域，我国在提升国家软实力方面积累了较为丰富的经验，但如何顺应历史发展趋势，推进科学发展，提升国家软实力还需深入研究。党的十八届三中全会决定扩大对外文化交流，推动中华文化走向世界，并提出理顺宣传体制，支持媒体面向国际国内发展，培育外向型文化企业，支持文化企业到境外开拓市场，鼓励社会组织、中资机构等参与孔子学院和海外文化中心建设，承担文化交流项目等具体措施，旨在多渠道地传播中华文化与精神，提升中国在世界舞台上的地位。

一　国家软实力涵义

美国学者约瑟夫·奈首先提出了"国家软实力"概念，并对其进行了深入研究，认为"软实力"又称为"软力量"或"软权力"，国家软实力指的是国际政治的主要行为体（如国家）的文化、价值观、民族精神、生活方式、形象、制度、模式等要素的对外吸引力、亲和力、感召力和影响力①。国家软实力对于一个国家在国际社会上的地位和影响力具有非常重要的影响，国际社会对一个国家的印象是综合的、立体的，而国家软实力的构建与传播也是长期的、全方位的，在任何时间阶段内，重大事件和重要人物对国家形象的构建和国家软实力的提升都有重要影响。当今世界，科学技术的迅速发展无疑是最具影响力的重大事件之一，科学家也成为社会进步的重要动力源，在国家软实力构建与传播中起到举足轻重作用②。

从约瑟夫·奈的观点来看，国家软实力包括文化吸引力和感染力，对外政策、意识形态和政治价值观的吸引力等，这主要来自三种资源：文化、政治价值观及外交政策③。在近现代研究中，文化已然成为国家软实力的核心要素。文化包括一个国家或民族的历史、地理、风土人情、传统习俗、生活方式、文学艺术、行为规范、思维方式、价值观念等。在一个国家或民族不同发展阶段，文化的内涵决定了其吸引力和感染力的大小。在当前国际国内新形势下，高科技的迅速发展使得科学文化备受重视。国家软实力是一个整体概念，它的高与低是由其核心要素——文化水平的高低体现出来的，每个公民的科学文化素养是当前研究者重点关注的主题。因此，从这个意义上讲，国家软实力是由其组成者对自身软实力进行

① 洪晓楠、郭丽丽：《国家硬实力与软实力发展的辩证关系探析》，《文化学刊》2010 年第 6 期，第 13～17 页。
② 梁超英、黄羡仪：《中国竞技体育发展对国家形象的构建与传播》，《沈阳体育学院学报》2013 年第 5 期，第 47～49 页。
③ 〔美〕约瑟夫·奈：《软力量：世界政坛成功之道》，吴晓辉、钱程译，东方出版社，2005。

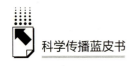
建构，以得到他人的认同、赞赏和支持。软实力建构是一个复杂的系统工程，具有多维框架，也具有多渠道的提升和传播方式。改革是提升软实力的动力，只有去除糟粕，发扬精华，吸取真知，才能彻底改变自身。

二　科学传播与国家软实力的关系

当今社会，国家综合实力的竞争，根本上是科学技术的竞争。而国家软实力的提升，则需要高端的传播渠道和模式。传播渠道是否先进，又取决于科学技术发展水平及应用能力。当前，国际上科学传播渠道多样化日益凸显，不再仅仅局限于媒体宣传，举办大型会议等直观展现形式逐渐增多。世博会、奥运会等重大国际性展览、赛场成为许多国家展示自身科学技术发展水平，向全球昭示其影响力的重要平台。随着信息技术的高速发展和国际交流的日益频繁，国家之间的相互了解愈加深入。只凭一个方面的领先，往往不被重视，历史上任何一个强国都是依靠全方位的进步在世界上立足的。提升国家软实力，要全方面提升国家综合实力。

《中共中央关于全面深化改革若干重大问题的决定》提出，改革开放是党在新的时代条件下带领全国各族人民进行的新的伟大革命，是当代中国最鲜明的特色。改革开放以来，国家软实力大幅度提升，如何立足当前国情，进一步将我国思想、文化、精神渗透到国际各个领域，需要认真研究。增强国家软实力，必须有理论体系的支撑。这些研究应考虑如下几个方面：（1）要进行跨学科研究。科学传播促进国家软实力增强是媒介与国家软实力关系的研究，该研究主要以传播学和科技哲学为基础，并进行多学科交叉分析，包括对管理学、国际关系学、组织行为学、心理学、社会学等不同性质学科的研究。（2）不仅要进行应用研究，提出具体可操作的科学传播策略，也要重视基础理论的研究，形成理论方法体系。
（3）在适应中国国情和当前国际形势的中国模式下，避免模仿国外相关理论，并关注本土化的可能性与可行性研究。

三　影响国家软实力提升的要素

国家软实力是个综合性的复杂指标。改革开放之后，我国综合国力迅速增强，国家软实力也发生了重大变化。我国国家软实力提升需与时俱进，顺应时代和社会发展的要求，全面考虑提升国家软实力影响的因素。

（一）环境与健康成为提升国家软实力的主题

目前，全球普遍面临资源约束趋紧、环境污染严重、生态系统退化等诸多环境问题。我国"十一五"以来，环境宣传教育一直处于重要地位，坚持以科学发展观为统领，通过正面宣传，提高大众环保意识，努力营造生态文明氛围。为贯彻落实《国民经济和社会发展第十二个五年规划纲要》和国家"十二五"时期环境保护工作部署，环境保护部等相关部门联合编制了《全国环境宣传教育行动纲要（2011～2015年)》，并积极开展以弘扬生态文明为主题的环境宣传教育活动，推进全民环境宣传教育行动计划，引导公众积极参与支持环境保护，为新时期环境保护事业发展提供了舆论支持和文化氛围。2013年年底召开的中央经济工作会议再次强调，加快生态文明建设，推动可持续发展。生态文明宣传教育不仅让公众了解基本的生态和环境常识，并且能够最终使公众树立生态伦理道德观，进而促进养成正确的价值观念、思维方式和行为模式，以一种长效机制促进自身软实力的提升。

我国在加强生态环境保护教育的基础上，更要重视宣传教育的

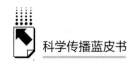
效果，从增强个体软实力着眼，彻底改善人们的思想意识和生活习惯。

健康问题关系着亿万人民的切身利益和基本权力实现，也关乎着中华民族的伟大复兴和永续发展。中华人民共和国成立后，我国早已改变了历史面貌，军事、体育等各方面迅速发展，并以一种崭新的姿态屹立于世界东方。当前的任务是建设"健康中国"，须在统筹考虑人口发展战略与人民健康保障标准的基础上，大力提倡和传播"健康中国"的新理念，积极推进"健康中国"的建设实践，并使之与经济、政治、文化、社会和生态文明全面协调发展，努力推动经济发展与健康保障能力提升相同步、国民生活方式重塑与医疗体制重建相互促进、人口长期均衡发展与国民健康素质稳步提升相协调，为全面建成小康社会和实现民族复兴提供坚实的人口基础和条件。建设健康中国的目标任务就是要贯彻落实科学发展观，坚持政府主导，加强部门协作，动员社会参与，从人民群众的健康需求出发，提高健康服务能力水平，提高全民健康素养和健康水平，到 2020 年，居民健康水平大幅提高，实现人人享有基本的公共卫生健康服务。

（二）科学传播渠道是相关决策和研究部门应重点考虑的问题

国家软实力依靠其构成主体本身的软实力及对软实力内容的传播。我国科学传播涉及的主体较多，包括以与科学相关的人、机构和团体等，如科协系统、国家自然科学基金系统、网络媒体、科普刊物。

各行各业的科学家在科学传播领域发挥着重要的作用。科学家通过自然科学研究的对象、内容和自然科学发展史传播辩证唯物主义，杰出科学家的感人事迹则生动地向大众传播着社会主义核心价值观、增强热爱祖国的崇高感情。

微博是一个天生的传播平台，微博的最优价值在于信息流的传递。微博也是传统科普期刊选题线索的来源之一，是热门话题传播的途径，是舆情监测与整合数据的得力助手。科普期刊应该与微博联合，共同完成科学传播的职能，科普期刊将微博当作营销自己的平台，微博也应努力提高品位，以便提高微博自身的影响力。期刊建设微博活动要根据期刊刊社的自身情况来开展。活动不仅可以更好地发展自身微博，亦可进一步拓展微博营销。实践中发现，尽管微博传播效率高，但一条微博的影响力持续时间短，需多次转发才能引起足够的注意。另外，活动中的某个细节如考虑不周，可能引起围观甚至产生强烈的意见分化，只有积极响应，坦诚互动，才能化争议为刊物的正面宣传效应。

（三）公众形象是国家软实力的关键构成单元

公民是构成国家的个体，国家软实力要依靠公众形象来体现。科学传播的实践，经历了从缺失模型到公众理解科学模型再到公众参与科学的发展。

完善民主环境是提升公众形象和国家软实力的基础条件，加强公众参与科学和决策的范围是重要的途径。目前我国存在的大量关于化工项目选址的冲突，实际上是公众与包括政府、科学家在内利益相关者之间缺乏对话渠道造成的。如何解决公众对科学决策缺乏信任的问题就显得尤为重要。在本年度报告中，台湾阳明大学科技与社会研究所范玫芳从核废料处置问题入手，分析了不同利益关系者对科学引发风险的不同认知。在此基础上，其指出持续推动多元形式的公共对话能有效促进公众参与科学决策制度的完善与科学民主化氛围的构建。世界上大多数国家都很关注公众的科学素养，有关公民科学素养量表的研究也较为广泛。国际知名科学教育专家

（美国科学教学研究会副理事长，美国教育研究协会理事会委员）柳秀峰从米勒体系的信度、构想效度、内容效度、效标效度、结论效度五个方面分析了测量科学素养的米勒体系的测量效果，米勒的测量具有一定程度的结构效度和评价者间信度，然而其内容效度和效标效度尚属未知。效度和信度是测量的属性，它们可能随时发生变化。当我们从强调科学素养转向强调公众参与科学时，有必要扩大科学素养的概念框架，开发新一代公众参与科学的测量。不管新一代测量如何展开，不断监测其使用的效果和影响都是极其重要的。

四 加强科学传播与提升国家软实力的建议

习近平同志在2014年6月9日召开的中国科学院第十七次院士大会、中国工程院第十二次院士大会上的讲话中指出，科技实力决定着世界政治经济力量对比的变化，也决定着各国各民族的前途命运。提升国家软实力要大力发展科学技术，提高国民整体的科学素养。科研机构、科学家团体、科学支持部门都是科学传播工作的有机组成部门，仅仅搞好自身的宣传思想工作远远不够，还要关注当前国际国内经济社会发展形势，在各条战线、各个部门和地区的科学传播工作中发挥作用，在思想引领、舆论推动、精神激励和文化支撑几个方面贡献独特的力量，在科学传播技术支撑方面充分发挥自身的优势。本报告围绕科学发展相关主体，对我国科学传播提出几点建议，以供决策者和实务界参考。

（一）扩大科学传播范围，加强多领域协作

首先，要扩大科研机构的科学传播工作范围，从宣教、媒体关系、新闻发言，扩大到理论研究、出版、文艺和广播影视的引导管理以及对体制外意见领袖及社会精英说服倡导。如媒体关系，不仅

要面对科技媒体等所谓的主流媒体的科技部门，还要加强与非主流的生活类、文艺类媒体的合作。其次，受众面要大，从科技工作者到各类社会精英，从社会精英到普通公众，从国内到国外，从科技发达国家到科技不发达国家，从英语地区到非英语地区，要针对不同的受众群体制定不同的科学传播工作思路。最后，工作队伍规模要大，科学传播工作队伍不仅仅是所谓信息员、宣传员，每个一线科研工作者，每个一线科研管理工作者，每个科研学生都有自身的宣传资源，都有自身的独特能力，都应为宣传思想工作做出自己应有的贡献。扩大科学传播范围也要量力而为，这里主要是指不能先入为主，束缚住自己的思想。

科研机构要加强多领域、多地区的协作。一是要把宣传思想工作与科技促进发展、国际合作、科技智库、人才培养、科学研究等工作结合起来，在满足科研工作者自身宣传需求中，动员科研工作者为宣传思想工作贡献自己的力量；二是要把科学机构的宣传思想工作与其他部门、其他方面的宣传思想工作结合起来；三是要设计多种机制，动员激励引导所有社会主体聚集在重点科研院所下，为全国科学传播工作贡献自己的力量。

（二）大力提升公信力和舆论引导能力

要做好舆论引导工作，要做好对社会热点问题（医疗、生态环境、食品安全等）的引导，要做好对突发事件的引导，理直气壮地占领道义制高点。科学是中国近代以来最重要的优势观念和思想文化宣传资源，是天然的道义制高点。道义制高点的基础和前提则是科学和科学家的公信力。

要定期开展科学、科学家和科研支持组织的公信力（社会声誉）调查，进行国内国际对标，查找问题，制定切实的改进计划。通过科研诚信建设、新闻宣传、提升科学家及科研支持组织的知名

度和美誉度，树立良好形象，为扩大资源总量创造良好社会氛围。

建立科学家舆论引导公共服务平台。科学家参与舆论引导工作，引导社会情绪、社会心理朝着积极健康的方向发展，提升科学家的社会声望。建立平台，一是要将科研成果转化为其他领域专家、公众、记者可以看懂的内容和形式，促进科学普及、促进记者对热点议题的科学报道、促进学科交叉（不同研究领域科学家之间的相互了解与合作）；二是建立在线－呼叫中心－线下活动的记者采访服务平台，帮助记者在涉及科学问题时找到权威答案，找到最合适的科学家进行采访；三是对基金负责人开展线上和线下相结合的媒介素养培训，帮助科学家更好地履行社会责任，建立学术声望。

实施科学传播工作科技支撑工程。要运用新科技、构建新的科学传播工作平台，要实现数字报刊、移动电视、手机媒体、手机短信、微信、博客、播客、微博客、论坛等全媒体可管可控。随着技术的发展、国家间的竞争、数据量的扩大、监管理念和体制的变化，科学传播工作的科技支撑任务越来越重，高技术和新技术含量越来越大。我国重点科研院所，具备充分承担此项工作的条件。

（三）推进国际传播能力建设

推进国际传播能力建设，创新对外宣传方式，讲好中国故事，传播好中国声音，增强在国际上的话语权。要扩大文化领域对外开放，实现媒体传播、文化交流、学者对话的统筹，积极构建大外宣格局，提升国家软实力。

大力推进科研相关部门的国际科学传播能力建设。一是主动融入中央外宣和国家公共外交工作体系；二是加强与其他部门公共外交和外宣工作的衔接；三是针对国际受众群体，建设多语种的全媒体宣传平台，并对平台进行全媒体推广；四是与国际科学媒体、综合媒体、国际新闻界建立并保持良好的关系；五是积极举办并参与相关国际活动。

采取多种方式提升基金负责人的国际传播能力。一是为基金主持人提升国际传播能力提供培训；二是从项目管理政策上奖励国际文章发表、国际会议参与、国际获奖、国际媒体传播等行为；三是设置能力建设专项资金，资助中国科学界的国际传播工作。

实施国际传播能力提升工程。要率先建设国际一流科研机构，要求科研院所及其科研工作人员具有很强的国际传播能力，善于展示自身的科研实力，参与国际科研合作竞争。科学和科学家是西方话语，具有天然的国际化优势，科学家的国际交流也是公共外交和对外传播的重要组成部分。我国科研院所在讲好中国故事，传播好中国声音，增强在国际上的话语权上有自己独特的优势。提升国际传播能力，一是要提升科学家的国际传播能力；二是要建设科研院所国际传播整合平台；三是要与国际主要媒体建立良好的关系；四是要培养专业的国际传播人才；五是主动融合中央国际传播的工作体系，力求占据更重要的位置。

（四）健全完善科学传播工作的内容体系

科学传播工作与公共事务工作不同，更不等同于新闻宣传工作。科学传播工作包括理论研究、新闻宣传、舆情、宣教、思想政治工作、出版、文艺和广播影视的引导管理、高层及社会精英的倡导说服等。

要进行科学传播，必须使科学传播符合我国目前的经济社会发展现状，组织研究科学与中华民族伟大复兴的中国梦之间的关系。将科学家、中国特色的国家科学院发展道路、中国科学院在国家发展中的功能和定位、党和人民的科学院、国家和民族的科学院、科学家的科学院的内涵研究清楚。当前我国科研院所更加重视技术、创新，而往往忽略科学与基础，舍本逐末。理论研究不仅要研究中

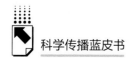
国特色科学制度，更要研究科学对中华民族伟大复兴的重要意义，研究科学与马克思主义中国化、时代化、大众化之间的关系、中国特色社会主义"科学/基础科学"发展道路，巩固马克思主义在意识形态领域的指导地位，巩固全党全国人民团结奋斗的共同思想基础。

新闻宣传要聚焦正面宣传，积极开展形势宣传、成就宣传、典型宣传和主题宣传；要下大力气打造自身的全媒体宣传平台；不仅面向学术圈，还要面向公众；不仅面向科技媒体、传统媒体、主流媒体，还要面向综合媒体、新媒体、市场媒体；不仅宣传基金成果、杰出人才，还要宣传基金管理者、普通科学家、基金项目研究中的平凡故事。

开展出版、文艺和广播影视作品的"科学"审计，设计合理的利益导向政策，鼓励弘扬科学文化的作品，惩罚反科学文化的作品。

在科学传播工作体系上，要充分发挥科研院所自身的科学家和科研成果的资源优势，积极与各方面各部门的宣传思想工作对接，主动融入全国科学传播工作体系。

（五）提高科技工作者的思想政治素质

科技工作者思想观念的多元、多样、多变趋势明显，要下大力真正了解科技工作者的思想动态，针对不同类型的科技工作者制定不同的服务和思想政治工作重点。科技工作者队伍结构呈现出新变化新特点，要充分重视科技工作者中的网络意见领袖、大城市青年边缘群体科技工作者（大学毕业生待业或低收入科研人员）、老年科技工作者、城镇流动科技工作者、"两新"组织中的科技工作者等群体。满足科技工作者的需求一定要考虑广泛性，要多搭建科技工作者乐于参与、便于参与的活动平台，借鉴国际公共文化设施的考核方法，将参与的广泛性纳入到活动平台的考核指标。

科学道德和学风建设是提升科技工作者思想政治素质的前提和基础，是科技工作者社会存在的底线，要高度发挥模范人物的示范作用，高度重视志愿服务。坚持把解决科技工作者的思想问题和实际问题结合起来，维护科技工作者的合法权益，注重科技工作者的人文关怀和心理疏导。

高层与专家论丛

Expert and Senior Officials Views

B.2
关于气候素养行动的研究

孙 健 毛恒青 孙 楠*

摘 要:

> 随着世界经济的不断发展,气候问题日益凸显,气候
> 变暖成为集科学问题、政治问题于一身的复杂话题。
> 目前国外相关国家已经明确定义了气候素养的概念,
> 开展了气候素养的行动,但我国仍处于起步阶段。本
> 文借鉴国外气候素养的行动内容以及推广普及公民气
> 候素养的经验做法,提出了适合我国国情的气候素养
> 的内涵,对普及公民气候素养的问题进行了分析和研
> 究,并对增强公众气候素养问题提出建议和措施。本

---

* 孙健,中国气象局公共气象服务中心主任;毛恒青,中国气象局公共气象服务中心副主任,正研级高工;孙楠,《中国气象报》记者。

文的研究试图引起更多的学者关注和研究，引导社会
公众自觉的增强"气候素养"，培养应对气候变化的
行为习惯，提升防范气候灾害的能力。

关键词：

气候素养　气候知识　气候态度

在全球气候变暖的大背景下，极端气候事件不断增多，恶劣的
天气让公众开始重视气候问题。斯坦福大学（2007）对一定样本
进行跟踪研究，认为 1995～1996 年，85% 的美国人认为气候变暖
可能正在发生。

在我国，适应与应对气候变化问题迫在眉睫。温家宝在
2012 年《政府工作报告》中提到，2012 年要加快转变经济发展
方式，要推进节能减排和生态环境保护，要加强适应气候变化
特别是应对极端气候事件能力建设，提高防灾减灾能力。坚持
共同但有区别的责任原则和公平原则，建设性推动应对气候变
化国际谈判进程。国务院原副总理回良玉曾说，要分析当前和
今后一个时期全球气候变化对我国经济社会发展的影响，研究
加强防灾减灾工作的应对举措。他强调，应对气候变化和防御
极端气候灾害，是实现我国经济社会又好又快发展必须重视和
解决的重大现实问题，是保障人民生命财产安全必须重视和解
决的重大民生问题，是促进人类与自然相和谐必须重视和解决
的重大战略问题。

国家把了解气候、应对气候变化摆在重要位置，其基础就是要
通过宣传和教育等方式，开展推进公民气候素养的行动，提高全体
公众的气候素养，促进全社会适应及应对气候变化的能力。但是，
我国公民仍很难科学认识气候、气候变化，更难以将气候知识运用

到生产生活中去。公民气候素养不能满足国家积极应对气候变化的形势，容易造成政策制定与落实的脱节。

从学术研究的角度来看，我国学术界目前尚未开展气候素养的相关研究。而且从可以查到的相关资料来看，气候素养一词在我国还没有被正式提出过。但是在欧美等很多国家气候素养行动已经陆续开展并活跃起来。

本文通过国外对气候素养的定义及提升气候素养行动的分析，试图提出适用于我国公众的气候素养这一概念的定义、内涵、框架及其组成部分。

一　国外气候素养的研究及培养行动

（一）国外关于气候素养的定义

在气候变化问题日益成为全球热点问题的大背景下，很多国家为了在国际低碳谈判中取得更多的话语权，培养和引导社会公众认识并应对气候变化，都在积极开展气候和气候变化相关的宣传和科普行动，在人们关于气候方面的意识不断增长的同时，衍生出了"气候素养"这一概念。

"素养"，英文为 Literacy，来自另一词语 Literate，其起源拉丁语为 Litteratus，最初是指"the Ability to Read and Write"，随后衍生出表示一个人有学问（Learned）。在中国古汉语中有"马不伏历，不可以趋道；士不素养，不可以重国。"现多用以指人们通过不断的自我修养和自我锻炼，在某一方面所达到的较高的水平和境界，如文化素养、道德素养、艺术素养等。

素养是在一个长期的过程中已经成为人的一种价值观、一种生活方式，对人的态度、行为等起稳定作用的素质。各类素养的定义主要是由前缀（如防灾、科学、信息等）和素养两个概念结合，从知识（情况）、态度（理念、观念）、技能（方法）三个层面予以建构。

2007 年，美国海洋和天气局（NOAA）和美国促进委员会（AAAS）以及非营利组织组成的工作组刊发了《气候素养：气候科学的重要规则》，这是一部气候科学素养指南，确定了人们需要了解的一些关于气候系统和气候变化方面的重要的规则和基本概念。其中，正式提出气候素养一词（Climate Literacy），即气候科学素养，指个人或者社会团体对气候的理解，该理解包括人类活动对气候的影响和气候对人类生活和社会发展的影响。文中给出了一个具有气候素养的人应当具有以下四种品质。

第一，了解地球气候系统的基本原则。

第二，知道如何辨别和评估关于气候变化的信息是否科学和可信。

第三，可以用有效的方式传播气候和气候变化的相关信息。

第四，对于有可能影响气候的问题，能够做出有效的和负责任的决定。

综合起来讲就是，公民需要了解气候系统（知识），对气候及气候变化的原因有科学认识并具有改善气候的愿望（态度），知道如何学习相关知识并运用到自己的职业和所参与的社会活动中（技能）。

NOAA 及 AAAS 等认为，《气候素养：气候科学的重要规则》的出台为教育者和社会团体提供了权威的框架，可以用来普及气候科学。

在 Lesley-Ann 等（2010）看来，气候素养是科学素养的子集，从知识层面上看，它涉及大气、陆地、海洋系统的相互作用，并借助于数据、模型、地理信息、可视化等技术的综合运用。的确，气

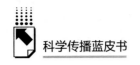

候素养是指对气候相关的基本概念和知识的正确理解，对气候影响社会的正确认识，对气候相关技能和方法的正确把握，延伸至对改善气候、积极应对气候变化的社会实践。气候素养的目的在于增强公众对气候变化的认识，增加将气候信息运用到他们生活中的能力。

（二）国外开展的气候素养研究进展

除了对气候素养相关的定义外，学术研究上所涉及的范围和深度在逐步增强。

Lesley-Ann 等（2010）对培养气候素养的具体细节进行了分析，认为气候素养的培养需要跨学科，必须处理好气候科学的表述语言、气候科学的误区、在哪里授课、采用什么样的学习方式、不同教育者产生的不同效果、在生活中进行教育等六个方面才能够达到。

Nosworthy（2010）对如何在学校培养气候素养方面进行了研究，提出培养气候素养的步骤：第一步需要在科学课堂上，让学生们知道气候系统运作的基本原则；第二步要了解社会与科学如何互动，如何用批判和分析的方法处理气候问题。学习气候系统的知识非常重要的一点是老师应该将其整合到其他课程中。学生应该进行多种实践活动，避免认识上的科学偏差，并与自身生活相连接。根据 Nosworthy（2010）的研究，在美国气候概念更多的是被作为地球科学课程而不是地理课的课程内容进行教授。如加利福尼亚，大部分学校将气候变化的相关问题放在地球科学下。而在 2005 年时，只有 23.1% 的高中生上过地球科学的课。这种学校基础教育的缺失制约了气候素养的提高。

另外，探讨公众对气候和气候变化的认知程度以及面临的困境，也是关于气候素养研究方面的一个主要方向。如 Lesley-Ann 等

（2010）发现，一些特定的人群（如孩子）对了解气候知识有着特殊的障碍，例如不同信仰、不同国家使得孩子们在课堂上接受的关于地球科学的知识不同，从而影响一代人的气候素养。

（三）国外培养公众气候素养的活动

推广气候素养的困难之一在于人们对"气候"一词的理解。近几年，天气与气候、气候突变与气候变化、自然发生与人为因素等的微妙差异越来越被忽略。同时，气候科学与其他知识间的不相关性随处可见。

实际上，气候与天气并不是一个概念。气候是长时间内气象要素和天气现象的平均或统计状态，时间尺度为月、季、年、数年到数百年及以上。气候以冷、暖、干、湿等特征来衡量，通常由某一时期的平均值和离差值表征，在英语中用 Climate 一词表述。而天气是指某一个地方距离地表较近的大气层在短时间内的具体状态。天气现象则是指在大气中发生的各种自然现象，即某瞬时内大气中各种气象要素（如气温、气压、湿度、风、云、雾、雨、雪、霜、雷、雹等）空间分布的综合表现，英语用 Weather 一词表述。但当问到对气候变化有何种感受时，更多的人会谈论刚刚发生的一场沙尘暴。由此可见公众很难区分气候和天气，知识向下延伸的过程中也会出现更多的错误。

在 2010 年美国科学促进会（AAAS）召开的年度会议上，安排了关于气候素养的主题报告。美国科学促进会的学者乔埃伦 ERLI 介绍了气候素养教育工作者的相关情况，NOAA 气候变化项目的学者弗兰克介绍了气候素养发展的基本原则，加拿大不列颠哥伦比亚大学地理系的西蒙 PER 做了《气候变化和珊瑚礁》的报告，桑迪亚国家实验室的艾伦介绍了《能源，气候和大气管理》一文。与会学者讨论了气候科学的最新研究成果、公众对气候变化的态

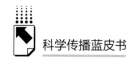

度、电视媒体在谈论气候变化的挑战，反思了公众对气候素养的态度，试图构建适合推广气候素养的战略。

2012 年 11 月，在美国地质学会召开的年会上，也有一些关于气候素养的讨论。专家们讨论了气候变化宣传的内容，评估了推广气候素养的一些活动，农民对气候变化的影响和看法，使用谷歌地图基于 Web 互动性寻求促进气候素养的方法等。

2010 年秋，美国国家科学基金会的气候变化教育计划（CCEP）开始了美国东南部气候素养合作伙伴（CLIPSE）项目。CLIPSE 将通过批判性思维、沟通和民间的对话，以更好地掌握不同的社区、教育、农业、宗教组织等认识气候和气候变化相关的能力，或将制定气候素养教育的标准。

在美国，有一些民间组织也在积极开展气候素养的培训工作。俄克拉荷马气候调查组（OCS）（2009）开发了一个为期一天的"气候变化培训"研讨会，目的是提炼气候和天气的基本概念，讨论气候变化的原因等。研讨会对"知道他们想要什么，在哪里可以找到它"、"知道他们想要什么，但不知道在哪里可以找到它"、"需要信息，但不知道要什么"、"不知道需要什么信息"这四类人群展开一些与气候相关话题的讨论和学习，并进行了评估。培训表明，气候变化这种复杂的问题可以被有效地凝缩在为期一天的研讨会中，参与者对于相关概念的理解有很大提升，这或许会成为提高气候素养工作的基础。

此外，美国设立了气候素养的网站（http：//cleanet. org/cln/index. html），介绍气候素养的概念，让更多的人了解气候素养。网站中提供了对气候素养研究进行讨论的论坛，例如，有人在论坛上提出了如何评估气候素养的问题。该讨论认为，目前已经有一些简单的评估方式，主要集中在对中学老师是否教授相关知识、学生存在哪些误解的调查上。

二 我国公民气候素养的现状

我国历史上是气候素养较高的国家。如我国的农耕文明,总结发明了气候与农耕结合紧密的二十四节气,是高气候素养的例证;又如中医上广泛采用的"伏贴",利用夏季最炎热的季节,治疗冬季的一些疾病,将中医和气候紧密结合。但当前的气候背景与农耕文明时期不尽相同,现代气候素养的概念也发生了变化。近些年,自然灾害频发,人们生存环境的脆弱性也随之增加,同时我国正处于发展的关键时期,气候问题关系国家节能减排及经济发展。目前讨论的气候素养可能更多的是气候变化及其适应问题,而提高国民气候素养不仅关系自身安全也关系国家的经济发展。

目前,我国还没有明确提出过气候素养的定义,也几乎没有开展评估我国公民气候素养的研究,但从一些不完全统计数据中可以看出公民气候素养不容乐观。

2006 年,《半月谈》杂志社在 8 省市进行了"普通中国人关心什么"的调查问卷,共收到 5000 份有效答卷。结果显示,和气候沾点边的是污染问题,在国人的重要性排序里,也只排第七位。收入差距扩大排名第一位(4295 票),看病贵、上学贵、买房贵排名第二位(4251 票),就业难、劳动者维权难排名第三位(3713票),社会保障滞后排名第四位(3579 票),反腐倡廉亟待加大力度排名第五位(3471 票),道德规范待完善排名第六位(316 票),环境污染未有效遏制排名第七位(3116 票)。这一结果在 2013 年 1月雾霾情况严重时,也没有发生质的变化。2013 年两会之前关于公众关注话题的调查显示,社会保障、收入分配、反腐、医疗改革、住房问题、社会稳定、食物药品安全等依旧排在环境生态气候之前。

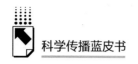

由此可推知，气候问题是贵族问题。若一个人对气候变化最为关心，那么他需具备一些条件：他的收入不能太低，看病、上学、买房对他来说不构成负担，他在就业上不面临麻烦，不需要为一些事情去维权，他有社会保障，对腐败不用特别痛恨，也不会为社会道德感到痛心疾首。至此，他可以专心关注环境和气候问题了。

2009 年，腾讯制作了名为"我们为什么不关心气候"的专题，发起了"防全球变暖，你可有过具体行动么"的投票。15440 人进行了投票，其中约 70%（10448）的人选择了没有。大部分网友认为："这是国家的事，我们做什么也没用。"

在技能方面，绝大多数人不能区分不同的天气灾害预警的实际意义，在接受灾害预警后，没有相应的反应。例如，北京"7·21"暴雨期间，受害人被困于洪水围困的车辆中时，缺乏逃生的基本技能。

目前，在我国教育界，教科书中有关于气候的相关知识，大多在地理科学中教授，并主要集中在气候与气候相关的基本概念、知识及我国气候的情况，很少涉及应对气候的知识以及气候对生产生活的影响。

在我国科学界，关于气候素养的研究处于起步阶段。2011 年，南京信息工程大学的学者李廉水等发表了《中美两国应对气候变化政策与公众气候素养的比较》一文。该文引用了国外对气候素养的界定，认为中美两国在气候变化国策方面有较大的差距，他们为了探寻这种差距在两国民众的气候素养上是否有所体现，对中美两国公众气候素养进行了综合比较。结果发现，除了两国公众在全球气候变暖问题上的认知是一致的以外，在气候变暖的原因、支持减排政策的态度、了解本国气候政策的基本原则方面均存在显著差异，中国公众对国家政策及原则的了解程度高于美国公众，对减排政策的支持率也更高。文中认为国民气候素养的形成一方面依赖于教育的实施，另一方面决定于政府推行的政策、态度及大众媒体的导向。并提醒我们进行气候政策的宣传和推动时应该更多借助科学家的力量。

三　气候素养的内涵分析

根据国外气候素养的内涵以及素养的定义，结合我国现状和发展要求，笔者认为我国公民气候素养的定义为：对气候相关基本概念和知识的正确理解，了解我国特殊的国情和气候概况；对气候影响社会的正确认识，了解气候对我国社会变革的影响及区域气候文化特征；具备对我国气候背景下气象灾害防御的意识和保护气候资源的意识以及对相关技能和方法的正确把握，对适应气候、应对气候变化行为的积极实践。

总的来说，按照一般对"素养"的定义，有必要也必须将气候素养分为气候知识、气候态度和应对气候的技能三个层面。

（一）气候素养的知识内涵

所谓气候知识应该包括与气候相关的基本概念和知识，全球气候概况，气候导致人们生产生活发生变化的情况，气候资源利用和管理知识四个主要方面。

与气候相关的基本概念和知识应该包括：什么是气候、表征气候的要素、气候的作用（对生物、人类生活的作用）等方面。

全球气候概况包括：气候系统的组成、全球气候划分、我国所处的气候带、不同气候带的气候特点等。

气候导致人们生产生活发生变化的情况应该包括：气候对社会变革的影响，气候所带来的不同地域文化特点，生活中利用气候及气候资源的状况。

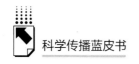

气候资源利用和管理的知识包括：开发利用气候资源的现状（新能源的理解），气候资源管理的手段（法律、行政、经济、技术、宣教、外交等）。

（二）我国气候素养的态度内涵

所谓气候态度，应该包括：对气候教育与科学普及的态度；对气候观测环境保护的态度；对气候状况的态度（对气候的感知与接受）；对气候资源利用和管理的态度，如贵州开发凉爽的气候打造夏日避暑游（是否乐于配合、参与，对气候资源管理现状的评价）；对气候变化的态度及应对气候变化的态度（是否积极应对气候的改变，是否愿意为改善和减缓气候变化建立良好的习惯，如低碳环保的生活方式）。

（三）我国气候素养的技能内涵

所谓气候技能，应该包括：合理利用气候的技能；在生产、生活中规避恶劣气候的技能（防灾减灾等）；保护气候的技能（保护生态环境等）；积极应对气候变化的能力（规避气候变化可能带来的不利影响，如气候变化改变江淮水稻种植期的昼夜温差，如何避免其造成的粮食产量损失；知道如何进行低碳减排缓解气候恶化）。

四 增强公众气候素养的建议

在全球气候变暖的大背景下，气候素养在当今比过去任何时候都更为重要，它有助于人们增加适应环境的关键技巧和知识。有气候素养的人知道气候信息可以让人做出改善生活质量的决定，他们对气候系统有个基本的认识，包括自然和人为对气候的影响。具有气候素养的人理解如何进行气候观测和记录、气候与人类生活的关系等，他们有能力评估相关科学信息的有效性并将这些信息运用到自己的决策中。不过气候知识往往被人误解，多数人对于变化的原因以及人类活动究竟对气候产生何种影响上有较为普遍的困惑。这是因为不是所有人都具备气象背景，或是研习过相关课程，并对增强人们的气候素养起到阻碍作用。因此，气候素养除在学校进行系统地教育之外，还需要有相应的宣传和科普活动进行培养和推广。

（一）加强对气候素养的概念、内涵的研究

气候素养在我国还属于一个新兴概念，相关行业主管部门要积极发挥业务实践优势，组织业务科技人员和相关领域的专家，进一步研究明确适用于我国的气候素养概念。首先，在相关的大学和科研院所，要积极开展相关方面的理论研究，明确适合中国国情的气候素养概念的内涵及其架构。其次，应着力寻找确定科学评估气候素养的方法和定量标准，例如，如何采集样本、注意问题措辞等，再逐步深入由定性到定量的评估中去。最后，研究如何提升气候素养的方式方法，研究分析不同地区、不同阶层、不同群体气候素养的现状、提升的有效途径等。

气候素养的概念不应局限在纯气候领域内部，应结合科技、教育、社会经济等多部门、多领域，组织相关行业的科技工作者开展全方位的研究，使得气候素养的概念和行动方案具有广泛的可接纳性。

（二）组织制定提高气候素养规划或行动计划

素养的形成是一个漫长的过程，气候素养的提升也需要逐步实现。在明确气候素养的概念、内涵后，应组织制定提高气候素养的规划或行动计划，明确提高气候素养的目标、原则、任务、行动措

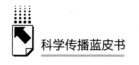

施、分工方案等。

在国家层面上，争取将提高公民气候素养纳入国家全民科学素质提高规划中，同时制定相关法律法规，把气候素养提升纳入对各级政府的绩效考核中。各相关部门要针对规划或行动计划中的任务分工，积极开展工作，落实规划的持续推进。

（三）加强提高气候素养的能力建设

新形势下传播气候知识，提高气候素养，离不开先进科技。Niepold 等（2007）认为，如今先进的地理数据运用及虚拟可视化技术等的进步，为提高气候素养营造了有利的环境。就我国而言，要加强软硬件建设，改进现有设施，建立相应平台，充分利用新技术，并加强人才队伍建设。

改进现有设施。在现有设施中加入气候元素，如在机场、车站、码头、商场等人口密集场所以及气象科普教育基地和各地的科普馆中增设气候知识及应用展区，以灵活性、针对性和实效性为原则，把内容形象化、生动化。

搭建新平台。利用互联网搭建气候素养的学术交流网站及论坛，提供公众与科学家交流的平台，增强科学家的可信度，提高公众的气候素养；基于 Web 互动，开设相关培训，对城市社区、乡村居民进行相关培训。

利用新技术。虚拟可视化技术可以模拟出看不见的大气运动，这使得专业性较强的气候知识有了新的着力点。利用新技术开发与防灾减灾、新能源、节能减排等相关的教材、游戏等，增加受众的可接受度。

加强队伍建设。除了加强专业人才培训之外，培养一批具有较高气候素养的志愿者和社会精英，形成舆论领袖效应对气候素养进行科学传播。

（四）加强合作，推广普及气候素养的概念

任何单独的机构都不能独立完成提高公民气候素养这一复杂工作。Lesley-Ann 等（2010）强调，提高气候素养的核心在于科学机构、科学家、教育者、非政府组织以及相关政府组织的共同协作。就我国而言，提升公民气候素养应与媒体、教育系统、社区等体系紧密结合。

与媒体合作。应加大宣传及相关活动的力度，在重大气候事件发生时，第一时间进行权威解读及科普，借此大力宣传气候的相关知识、防灾减灾的科普知识、气候变化的影响以及我国应对气候变化的举措，使公众不仅了解频发的气象灾害，还要了解灾害背后的原因、防灾减灾的技巧、气候变化的趋势以及可能对自身造成的影响；可定期举办媒体与科学家面对面活动，以科学家的视角对气候科学进行解读。

与教育系统合作。自我国开设地理课以来，气候科学知识能够在课堂上被教授，但在新的气候背景下，气候知识也应与时俱进。此外，在教育层面，要通过课堂教育、实践活动等多种途径加强对气候素养的教育工作；要将气候素养的相关内容纳入国民教育体系，通过学校的系统教育保证气候素养行动的长期性和基础性。

与城乡社区合作。依托社区文化教育阵地和志愿者，使气候素养行动深入社区，与社区文化同步发展；开展社区科普活动，借助社区平台普及防灾减灾技能，推广适应与应对气候变化及节能减排的先进经验。

五　结语

气候素养是一个新的概念，气候素养的提升是一个长期而缓慢

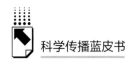
的过程，本文借鉴国外气候素养的行动内容以及推广普及公民气候素养的经验做法，提出了一些粗浅的想法，以期引起更多的关注和研究。

主要参考文献

《2013 年政府工作报告》，2013 年 3 月 5 日。

Dupigny – Giroux L A L，"Exploring the challenges of climate science literacy：Lessons from students，teachers and lifelong learners"，*Geography Compass* 9（2010）：1203 – 1217.

Niepold F，Herring D，and McConville D，"The case for climate literacy in the 21st Century"，5th International Symposium on Digital Earth，http：//www. isde5. org，2007.

Nosworthy C M，"Climate Literacy in California K – 12 Schools"，2010.

Shafer M A，James T E，and Giuliano N，"Enhancing climate literacy"，18th Symposium on Education，American Meteorological Society，Phoenix，AZ. 2009.

陈涛、张泓波：《中美两国应对气候变化政策与公众气候素养之比较研究》，《科技与经济》2012 年第 1 期。

回良玉：《在关于分析当前和今后一个时期全球气候变化对我国经济社会发展的影响会议上的讲话》，2007。

美国海洋和天气局 NOAA 和美国促进委员会 AAAS 以及非营利组织：《气候素养：气候科学的重要规则》，2007。

关于建设"健康中国"的几点思考

张 建*

摘 要:

> 卫生计生委应该举什么旗、提什么口号,是要认真思考,加以明确并公诸社会的。从人民群众的现实需求出发,从全面建设小康社会实现中国梦的目标着眼,提出"健康中国"的口号,必将赢得社会上下的一致认同,也将是指引卫生计生事业发展的旗帜。

关键词:

> 健康中国 健康强国 健康

国家卫生计生委应该举什么旗、提什么口号,是要认真思考,加以明确并公诸社会的。我认为比较准确和贴切的,就是提出"健康中国"的口号,以建设"健康中国"为旗帜,树立新时期卫生计生工作的良好形象。

一 关于健康

健康是每一个人的祈愿和追求。中国人对健康有着更深入和全

---

* 张建,国家卫生和计划生育委员会国家卫生计生监察专员。

面的认识，我国自古以来就有"五福和合"的说法，最早出自《尚书·洪范》："寿，富，康宁，攸好德，考终命"。寿，长寿；富，富裕；康宁，健康安宁；攸，修也，讲求道德和精神文明；考终命，考，老也，善终。这些都是健康的范畴。其中，富裕是健康的经济条件，修好德，是精神健康的要求。如果说幸福对一个人来说可以量化的话，五福就是具体的内容。健康是1，其他是0，有了健康，0越多越好，没有健康，一切无从谈起。

健康对一个民族、一个国家是永远的祈愿和追求。我们国人有许多说得出口的骄傲，但有一样难以夸口，那就是我们国人的体质普遍较差。一百多年来，"东亚病夫"的耻辱一直是我们国人心中的阴影，这既有外在的因素，也有内在的问题。中华人民共和国的成立，特别是改革开放几十年，我们国人的健康水平大幅提升，人均预期寿命提高到74岁，孕产妇死亡率下降到24.5/10万，婴儿死亡率下降到10.3‰，这些都是了不起的成绩，这些指标让我们在发展中国家行列处于领先地位。但平心而论，广大人民群众的健康水平还是不尽如人意的。

健康的准确定义，是指一个人在身体、精神和社会等方面都处于良好的状态，不仅仅是指没有疾病。传统的健康观是"没有病就算健康"，科学的健康观是整体的健康，健康不仅是身体没有疾病，还要具备心理健康、社会适应良好和有道德。健康也是人的基本权利。真正实现以人的全面发展为中心，提高全体中国人民的健康水平，是卫生计生工作落实科学发展观的光荣使命和职责。

二 关于"健康中国"的思想理念

现在我们都说中国梦，联系到每一个个人和家庭，恐怕都少不了健康这个重点内容，对中国梦的主要内容来说，即使有人不把健康放在第一位，但放在前三位或前五位还是没有问题的。

从人民群众的现实需求出发，从全面建设小康社会、实现中国梦的目标着眼，提出"健康中国"的目标口号，必将赢得社会上下的一致认同，也将是指引卫生计生事业发展的旗帜。

建设"健康中国"，是对广大人民希望获得良好生存发展环境的积极回应，是实现"两个一百年"奋斗目标的必然要求，是保障人民主体地位、体现中国特色社会主义本质属性的必然选择，也是打牢我们党长期执政社会基础的重要条件。

面对环境状况恶化对人民健康带来的突出影响，以及医疗保障服务的可及性和公平性还难以充分满足人民群众需求的严峻现实，从实现党的十八大提出的"两个一百年"奋斗目标的历史高度出发，应当把"健康中国"建设摆在我国现代化建设全局更为突出的战略位置。

"健康中国"的建设，既关系亿万人民的切身利益和基本权利实现，也关乎中华民族的伟大复兴和永续发展。为此，必须在统筹考虑人口发展战略与人民健康保障标准的基础上，大力提倡和传播"健康中国"的新理念，积极推进"健康中国"的建设实践，并使之与经济、政治、文化、社会和生态文明全面协调发展，努力推动经济发展与健康保障能力提升相同步、国民生活方式重塑与医疗体制重建相互促进、人口长期均衡发展与国民健康素质稳步提升相协调，从而把中国特色社会主义的本质特征体现在提高人民健康水平和促进人口长期均衡发展的各个方面，为全面建成小康社会和实现民族复兴提供坚实的人口基础和条件。

我国人民的健康水平还处于发展中国家的水平，尽管人均预期寿命接近发达国家水平，但同是预期寿命，健康与不健康就大不相同，我国的健康期望寿命远低于发达国家水平，国民身体素质，无论是主观印象还是客观指标，都无法让我们骄傲起来。

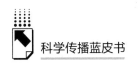

中国社科院 2013 年 7 月发布的《中国公共财政建设报告 2013》显示，在九项公共服务满意度程度调查中，医疗卫生的满意度最低。成为政府公共服务的薄弱环节。虽然对比 2007 年满意度，其增幅高于其他项目（6 年提高 7.79 分），新农合、城镇居民医疗保险等受到了高度赞誉，但和群众需求、社会期待相比还有很大差距。

世界卫生组织《迎接 21 世纪的挑战》指出："21 世纪的医学，不应该继续以疾病为主要的研究领域，应该以人类的健康作为医学的主要研究方法。"这是符合客观形势的发展和以人为本理念的要求的。我们之所以强调健康而不是突出医疗卫生，就是要倡导全社会把健康放到更加重要的地位，从健康的角度做好卫生计生工作。从这个意义上讲，开展公民健康促进、让全体公民掌握公民健康素养 66 条可以作为"健康中国"的首要任务。

有人认为健康是全社会、多部门的事，不应由卫生计生部门一家担当，把医疗卫生的主业换成健康，是不是超出了部门职能职责的范围？恰恰是这一点，影响了我们长期不能确立正确的卫生观和健康观，难以从治病为主的小圈子跳出来，也让没有部门负责的大健康工作失去了列入国家战略的机会。如果卫生计生部门不举"健康中国"的旗帜，还能有哪个部门能举呢？

《"健康中国 2020"战略研究报告》指出，"健康中国"作为一项重大的战略，旨在提高全民健康水平，立足中国国情，根据人民需求，在世界健康发展的形势下，在深化医改的实践中，把"健康强国"作为一项基本国策，强调"预防为主"，实现医疗模式的根本转变，维护健康公平，实现人民健康与经济社会协调发展。

把"健康中国"作为一项国家战略，就要求把健康放在优先发展的战略地位，以公共政策、科技进步、中西医并重（确定和提升中医药的地位)、群众性活动和重大行动为切入点。

所谓"健康中国",既意味着让人民拥有良好的身体和心理素质和相应的保障条件,也意味着让人民享有良好的生态、社会和文化环境;推进"健康中国"建设,需要立足我国国情,针对快速推进的市场化、城镇化以及人口老龄化在人口健康问题上带来的新情况、新问题,在目标导向上把握好当前与长远、全局与重点的关系。

三 "健康中国"的目标任务

建设"健康中国",就要贯彻落实科学发展观,坚持政府主导,加强部门协作,动员社会参与,从人民群众的健康需求出发,提高健康服务能力水平,提高全民健康素养和健康水平,到2020年,居民健康水平大幅提高,实现人人享有基本的公共卫生健康服务。

"国民经济和社会发展十二五规划纲要"提出,积极预防重大传染病、慢性病、职业病,普及健康教育,实施全民健康行动计划。卫生事业"十二五"规划提出,把全民健康生活方式及健康素养促进纳入国民健康行动计划,要求广泛开展健康教育,普及基本卫生知识,倡导健康文明的生活方式。

新一轮医改坚持"保基本、强基层、建机制",把基本医疗卫生制度作为公共产品向全民提供。刘延东曾指出:"医改是全面建成小康社会和实现中国梦的重要保障,没有全民健康就没有全面小康。"

在政府财政有限的情况下,与健康和卫生相关的财政投入重点在哪里?是用于医疗,还是疾病的预防和健康的维护?全民医保制度一定程度上可以缓解老百姓"看病贵"的问题,但医保支出将

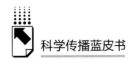

是我国财政面临的一大考验。按照中国社科院经济研究所公共政策研究中心的预测，在现行制度下，在2020年之前，中国大部分城市医保基金都会出现收不抵支的情况。我国的优质医疗资源集中在三级医院，但是目前三级医院的服务模式还是以治疗为中心。恰恰是这种服务模式导致了医疗费用支出大幅上升，疾病预防和院后管理的缺失，必然导致患病率、复发率不断上升，需要治疗的人数不断增加。所以，解决医保资金问题的关键是改变医疗服务模式，需要从目前的以治疗为中心向预防和健康服务为中心转变。实践证明，在健康服务和管理上每投入1元钱，即可节省3元~6元的医疗费用。

四 "健康中国"的活动

开展"健康中国"的建设，需要各地各级党委政府的领导，需要全体人民的参与，需要开展广泛深入的活动。"健康中国"可以促使各地普遍开展健康行动（健康省市、健康市县、健康村居）。针对主要健康问题，充分整合资源，开展健康进社区进乡村、主题日活动、重点地区专项活动、媒体宣传、巡讲培训、咨询服务、志愿者活动，定期监测发布，还要特别注重发挥中医药的独特优势，开展中医药进村入户进社区活动和中医药文化科普活动。实际上，各级各地的活动还可以有更多创新。

五 建设"健康中国"的政策建议

通过提出"健康中国"建设的相关政策建议，从总体上推进中国医疗体制改革，使之更好地满足人民群众对更高水平、更加公平的健康服务保障的要求。

（1）开展建设"健康中国"的宣传活动。全面阐述建设"健康中国"的重大意义。开展"健康中国"问题研究，阐明"健康中国"的科学内涵、目标导向，分析制约"健康中国"发展的现实困境和体制机制障碍，形成浓厚的"健康中国"的舆论氛围和社会文化环境。

（2）建立促进国民健康的行政管理体制，形成医疗保障与服务统筹一体化的大卫生（大健康）行政管理体制。

（3）健全法律支撑体系，依法行政。促使与健康相关的基本法律法规尽快出台，比如《中医药法》等。

（4）建立与经济社会发展水平相适应的公共财政投入政策与机制，通过增加政府健康卫生投入和社会统筹，逐步降低个人现金卫生支出，并以促进健康为主。

（5）健全健康保障制度，提高基本医疗保险筹资标准和补偿比例，有序推进城乡居民医保制度的统一。

（6）加强健康人力资源建设。提高健康服务人员素质，建立健全各级特别是基层健康服务网络，引导卫生健康工作者充实基层，如大学生村医制度等。

（7）确立中医药在建设"健康中国"工作中的地位，充分发挥中医药等我国传统医学优势，促进中医药继承和创新，把工作重点放到基层特别是社区和乡村。

（8）积极开展国际交流与合作，展示中国医疗卫生特色，树立"健康中国"的良好形象。

卫生计生事业的使命光荣，责任重大。卫生计生工作者有责任、有能力为建设"健康中国"做出应有的贡献。

B.4
加强生态文明宣传教育
推动环境保护全民行动

环境保护部宣传教育司宣传教育处 *

摘　要：

生态文明和环境保护关系每一个人的生活，是全社会的任务，需要全体民众建立统一的价值观及树立生态文明观念。以加强生态文明宣传教育为环境保护工作的出发点，必须建立全民参与的社会行动体系，多样化组织宣传教育活动，探讨新的宣传教育模式，对宣传教育的效果进行评价和监测，改善薄弱环节，贯彻落实我国环境保护规划和各项制度。

关键词：

生态文明　宣传教育　环境保护

　　我国现阶段面临的环境与资源问题较多，有限资源的滥采乱用、大气污染、生态系统秩序破坏等诸多现象普遍存在。近年来，我国一些重要城市存在雾霾、沙尘暴、水污染等环境问题，引起了社会的强烈反映和大众的心理恐慌。解决生态环境问题，满足公众生存生活的正常需求变得刻不容缓。保护和维持生态环境，必须从改变人们的思维方式入手，抓住根本，加强生态文明宣传教育，切

＊ 本文受环境保护部宣传教育司司长陶德田指导。

实建立生态文明观念。

为贯彻落实《国民经济和社会发展第十二个五年规划纲要》和国家环境保护"十二五"规划的工作部署，环境保护部等部门编制了《全国环境宣传教育行动纲要（2011～2015年）》（以下简称《纲要》）。该《纲要》指出，加强环境宣传教育工作和增强全社会环境保护意识非常重要，要构建公众参与生态保护的社会行动体系，促进建设"两型"社会和和谐社会，提高国民生态文明的素养，建立大众广泛拥护的社会文化氛围。

公众首先要懂得生态文明和环境良好对自身、社会和国家的好处，才能积极付诸行动，才能逐渐改善自己的行为，自觉地建设生态文明。因此，迫切需要加强生态文明宣传教育工作，以牢固树立全社会的生态文明观念为目标，大力普及生态文明理念，提倡环境保护行为，为生态文明建设打下坚实基础。

环境保护是生态文明建设的主要渠道。环境保护的相关宣传教育活动需要围绕党中央和国务院对新的形势下环境保护工作的总要求。走入民间，切合当前实际需要，勇于探索宣传教育工作的新的想法、思路和措施，加速环境保护政策和制度的贯彻落实，宣传教育活动以维护生态文明为主题，采用多样化方式，制定可操作性较强的宣传教育行动计划，引导群众乐于参与活动，及时监测宣传教育的效果，建立环境保护事业发展的社会支持氛围。

应清醒地看到，现阶段我国还大量存在不合理的生产方式和奢侈过度的消费方式，各级党政领导干部亟须增强转变经济发展方式的意识，社会公众也亟须养成保护生态环境的习惯。要逐步改变全体大众的生产、生活和消费方式。以生态文明宣传教育为基础，树立生态文明的发展观，摒弃资源利用率低、污染排放量大的落后生产方式和过剩产能、不节约的消费观念，使公众在日常生活和工作中践行生态文明和环境保护政策及理念，使节能环保和低碳节约的

生产生活方式成为公众的行为习惯。为此，2012年确定了世界环境日中国主题为"绿色消费，你行动了吗?"，2013年确定世界环境日中国主题为"同呼吸，共奋斗"，并围绕主题策划设计海报向社会免费发放，组织开展各种宣传活动，倡导社会公众把资源节约和环境保护自觉落实到日常生活中。

加强生态文明宣传教育，应以构建全民参与的社会行动体系为准则，大力提升全民环境意识的活动。环境保护部已联合有关部委稳步推进全民环境教育行动，其中与教育部联合推动中小学环境教育和全国中小学环境教育基地建设，推进环境职业教育，选取北京、内蒙古、辽宁、湖北、广西、浙江六个省市自治区的学校为环境友好型学校试点；加强企业的环境保护责任意识，开展面向社会的环境责任培训，面向全国各省（区、市）确定的重点污染治理企业负责人进行培训；深入开展农村环境宣传教育试点，在黑龙江、湖北、湖南和新疆等地开展环保知识下乡和农村生态产业技术推广活动。

生态文明宣传教育要进行跟踪检查，关注宣传教育的效果。加强生态文明宣传教育，应以建立绩效评估考核体系为保障，同时建立客观科学的公众生态文明素养指标体系，进行定期评价，以确保宣传效果，避免形式主义。环境保护部组织开展了一系列全民参与的社会行动体系建设和评价工作，包括重点项目理论研究和实务工作方案，为加速公众参与环境保护的社会行动体系的推进奠定基础。在此基础上形成《公众环境意识评估指标体系报告》，启动环境宣教工作绩效评估的试点工作，旨在通过监测公众的环境意识，重点采取提升薄弱环节的措施，有针对性地开展宣传教育，以便于规范化管理。

生态文明建设不仅属于个人事务，也属于组织事务、社会事务、国家事务，甚至是全球性的事务，而节约资源和治理污染只是表面上的任务，深层次的任务是要进行整个系统文明形态的变革。这种变革要求我们要改变全球的每一个人，并以宣传教育为切入点，推动人们形成良好的价值取向，并能够一以贯之，实现资源环境、社会经济的可持续性发展。

生态文明宣传教育是面向全民的，每个人不仅是生态文明理念的接受者，同时也是倡导者。企业、学校、事业机构都应以政府为主导，积极参与构建生态文明宣传教育体系，发挥自身的优势作用，每个主体和主体中的个体都应互相配合，从幼儿园、中小学、大学到工作岗位，贯穿终生，从学校、家庭到社会全方位覆盖，从正规教育到非正规教育全面涉及，推动生态文明宣传教育向全民教育、全程教育和终身教育发展。

为广泛深入宣传生态文明理念，环境保护部在提高环境新闻传播能力、主动引导舆论和应急新闻宣传、巩固"6·5"世界环境日等优质环保工作活动品牌基础上，创新性开展社会宣传活动。根据媒体和公众需求，及时公开环境信息，正面开展舆论引导，动员社会各界共同参与生态文明宣传教育，并下发《关于培育引导环保社会组织有序发展的指导意见》，有序引导环保 NGO 参与环境保护。深化部门联动，大力推进全民环境教育。深化"青年环境友好使者"项目，进行绿色学校建设，并加强环境友好型学校的推广，在基础教育机构进行环境教育社会实践基地的推广建设，把绿色家园、绿色社区建设进一步深入，推动文化产品创作，繁荣环境文化。

"少数人靠觉悟，多数人靠制度。"全社会的事务必须要以资源与环境保护制度为保障基础。目前，环境保护部充分调动资源，组织完成《运用绩效管理　推进地方政府抓紧抓实生态环境建设》等环境宣教理论研究成果，推动环境宣教制度建设，同时加强各地环境宣传教育基础能力建设，在省级宣教机构标准化建设中加强对

基层环保宣教工作投入，使省级宣教机构基础设施配备到位，并在此基础上进一步加强地市级环境宣教能力建设。

在新的历史时期，环保宣教工作者担负着新的责任，他们是构建生态文明理念的主导者，必须协同合作，坚定自身信念，持之以恒，脚踏实地，为建设美丽中国和顺利推进我国生态文明建设汇聚强大的社会共识和行动凝聚力。

B.5

乔恩·米勒公民科学
素养测量的评论

柳秀峰 薛亮*

摘　要：

本节从信度（Reliability）、构想效度（Construct-Related Validation）、内容效度（Content-Related Validation）、效标效度（Criterion-Related Validation）、结论效度（Consequence-related Validation）五个方面分析了测量科学素养的米勒体系的测量效果，发现米勒体系具有一定程度的信度和构想效度，而内容效度、效标效度还属于未知。因此有必要扩大科学素养的概念框架，引入公众参与理念，开发基于公众参与的科学测量体系。

关键词：

科学素养　测量　信效度　公众参与

科学素养（SL）成为科学教育和科学传播的研究焦点已经四十余年了。20世纪70年代，乔恩·米勒提出了一组核心基本科学词汇作为阅读和理解当代科学问题的知识基础，同时，他提出概率

---

* 英文作者：柳秀峰，纽约州立大学布法罗分校教授；中文译者：薛亮，陕西师范大学副教授。

的应用、可控实验和占星术可作为对科学研究认识的理解基础。米勒使用开放式、封闭式（即是－非题）两部分的问题来评估人们对上述核心科学词汇和科学研究的认识与理解，评估的实施采取面对面或电话方式进行。以上思想和方法通常被称为米勒式公民科学素养（CSL）测量。

自20世纪70年代末以来，在NSF的资助下，米勒应用上述方法在美国定期进行CSL测量；中国在内的许多国家也逐渐采用了这种方法[1]，鉴于它在公众科学技术知识研究领域的声誉及持续的影响，对它的效度和信度进行评价是非常必要的。

本评述采用公认的效度和信度框架[2]。效度是指对测量过程和结果的适度要求；建立有效性证据的过程称为效度验证。第一种类型的效度验证可以是预定内容与实际测量内容的匹配度，即内容效度。第二种类型的效度验证是基于标准的，即效标效度，为了建立效标效度，必须确定一个标准变量，该标准变量还必须是可用且有效的。第三种类型的效度被称为构想效度，其核心是关于实际测量的预期心理结构的适度要求。第四类型的效度验证是结论效度，其侧重于利用测量分数对目标人群所产生的正面和负面的影响。

一 构想效度

1983年，米勒开始准备测量SL[3]。他提出SL由三个维度组

---

① National Science Board, *Science and engineering indicators* (Arlington, VA: National Science Board, 2012).

② Joint Committee of the American Educational Research Association, American Psychological Association, & National Council on Measurement in Education, *Standards for educational and psychological testing* (*Washington*, DC: American Psychological Association, 1999).

③ Miller, J. D., "Scientific literacy: A conceptual and empirical review", *Daedalus* 112 (1983): 29－48.

成：理解科学研究（他后来称为科学探究的本质）；理解科学的构造或者术语；有一定的科学态度且能够理解当代政治问题涉及的科学和技术①②及某种程度上理解科学技术对个人及社会的影响。尽管有上述三个维度，米勒的 SL 测量还是一直有意发展为"单一维度的 SL"③。然而，早年他对"单一维度的 SL"概念并不明确④⑤。从 1998 年开始⑥，米勒不再使用 SL 的术语，而是明确地提到他的测量倾向于本杰明·沈⑦的公民 SL（CSL）理论。本杰明·沈提出了三种类型的 SL，包括：实践、公民和文化。

在前期工作基础上，米勒⑧将"公民的科学素养"（CSL）定义为人们理解科学术语和科学概念的水平，并足以阅读日报或杂志，足以理解某种辩论或争议中相互对立的论点的本质。延续他早期的 SL 三维度理论，米勒认为只有三维度中的每个维度都能达到一个合理程度时，综合起来才反映了一个人的 CSL 水平。然而，后来他发现，第三维度在不同国家缺乏一定的稳定性⑨，因此米勒

① Miller, J. D., "Scientific literacy: A conceptual and empirical review", *Daedalus* 112 (1983): 29 – 48.

② Miller, J. D, "Scientific literacy in the United States", in GIBA Foundational Conference, ed., *Communicating science to the public* (New York: John Wiley & Sons, 1987), p. 19 – 40.

③ Miller, J. D, "Scientific literacy: A conceptual and empirical review", *Daedalus* 112 (1983): 29 – 48.

④ Miller, J. D, "Scientific literacy: A conceptual and empirical review", *Daedalus* 112 (1983): 29 – 48.

⑤ Miller, J. D, "Scientific literacy in the United States", in GIBA Foundational Conference, ed., *Communicating science to the public* (New York: John Wiley & Sons, 1987), p. 19 – 40.

⑥ Miller, J. D, "The measurement of civic scientific literacy", *Public Understanding of Science* 7 (1998): 203 – 223.

⑦ Shen, B. S. P, "Science literacy and the public understanding of science", in S. B. Day, ed., *Communication of scientific information* (Basel, Switzerland: S. Karger AG, 1975), p. 44 – 52.

⑧ Miller, J. D, "The measurement of civic scientific literacy", *Public Understanding of Science* 7 (1998): 203 – 223.

⑨ Miller, J. D, "The measurement of civic scientific literacy", *Public Understanding of Science* 7 (1998): 203 – 223.

建议在跨国分析中只使用前两个维度指标。

1995 年，在美国进行的调查中使用了 9 条关于理解科学知识概念的词语和 3 条关于理解科学探究本质的词语。米勒对结果进行了验证性因素分析并发现存在两个不同的因素，两个因素间的相关系数为 0.8（n = 2，006）①，上述结果同样出现在 1992 年欧洲公民素养晴雨表的调研中。此结果提供了米勒 CSL 构想效度的实证。

米勒认为 CSL 测量方法的持久稳定很重要。只有当 CSL 在多次测量中不随时间发生改变，建立长期 CSL 趋势才具有实际意义。1988 年美国与英国合作进行 CSL 测量，得到了一组包括封闭式和开放式问题的核心试题②，并以这些核心试题作为科学概念的持久测量标准。来自美国和英国的数据再次证明了 CSL 中前两个维度的存在③。

尽管有证据证明这种结构的存在，结构中包括科学词汇知识和科学过程方法知识，很长一段时间内，米勒的 CSL 在业内被批评为有缺陷取向④⑤⑥⑦，即米勒的 CSL 测量假设具有一些确定的科学

① Miller, J. D, "The measurement of civic scientific literacy", *Public Understanding of Science* 7（1998）：203 – 223.

② Miller, J. D, "The measurement of civic scientific literacy", *Public Understanding of Science* 7（1998）：203 – 223.

③ Miller, J. D, "The measurement of civic scientific literacy", *Public Understanding of Science* 7（1998）：203 – 223.

④ Layton, D. ,Jenkins, E. ,Macgill,S. ,and Davey, A. ,*Inarticulate science? Perspectives on the public understanding of science and some implications for science education：Studies in Education Ltd.*（University of Leeds, 1995）.

⑤ Ziman, J. , " Public understanding of science." *Science, Technology & Human Values* 16（1996）：99 – 105.

⑥ Wynne, B. , *Misunderstanding science? The public reconstruction of science and technology*（Cambridge, UK：Cambridge University Press, 1996）.

⑦ Wynne, B. , "Knowledge in context." *Science, Technology & Human Values* 16（1991）：111 – 121.

知识是必要的，缺乏这样的知识就是有缺陷并需要进行修正[1]。但这种缺陷模式忽视了一个事实，即公众具有广泛的关于日常科学和技术问题的非正式的知识和技能。研究表明，公众对科学的理解和态度依赖于所处环境，并且有选择地感知其用途和价值[2][3][4]，在日常生活中存在"模糊的科学"与"实用的科学"的区别[5]。

除了上面的缺陷模型，柳秀峰[6]指出米勒的 CSL 测量是假定 CSL 为静态的稀有商品，因为 CSL 在米勒的测量里被减少到有限的几个科学术语，并存在一个具备 CSL 的阈值。CSL 观念忽视了一个简单事实，即科学是不断变化的，甚至于某一领域的专家也可能在其他科学领域显得无知，因此学习科学是一个终生的过程，并非是一次性完成的工作。

米勒 CSL 测量的商品模型与本杰明·沈[7]最初对 CSL 的定义不符。本杰明·沈认为 CSL 的出发点是为了使公众充分理解科学和与科学有关的问题，参与技术社会中的民主程序，这些参与才是 CSL 的标志。然而，这不是米勒的 CSL 的内容。米勒[8]认为，公民的 SL 是以人们理解科学术语和科学概念为水准，足以阅读某种日

---

① Bauer, M. W., Allum, N., and Miller, S., "What can we learn from 25 years of PUS survey research? Liberating and expanding the agenda," *Public Understanding of Science* 16 (2007): 79 – 95.

② Bauer, M. W., Allum, N., and Miller, S., "What can we learn from 25 years of PUS survey research? Liberating and expanding the agenda," *Public Understanding of Science* 16 (2007): 79 – 95.

③ Layton, 1995.

④ Wynne, 1996.

⑤ Layton, 1995.

⑥ Liu, X., "Beyond science literacy: Science and the public," *International Journal of Environmental & Science Education* 4: 3 (2009): 301 – 311.

⑦ Shen, B. S. P., "Science literacy and the public understanding of science," in S. B. Day (Ed.), *Communication of scientific information* (Basel, Switzerland: S. Karger AG, 1975), pp. 44 – 52.

⑧ Miller, 1998.

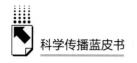
报或杂志。对个体而言，无论具有多么渊博的知识，没有参与民主社会的进程，知识的作用仍然是有限的。

科学传播、科学教育、科学技术研究等领域的学者均呼吁脱离这种缺陷模式和商品模式，进而转向关注公众参与的CSL①②③④⑤⑥。正如美国《科学与工程指标》第7章报道对公众科学理解和态度的调查，美国NSF资助的二次研讨会已建议国家科学委员会扩展米勒CSL并采用一个更加全面的科学框架，即科学服务于公民和消费者（SSCC）的框架。相比之下，米勒的CSL假设一般公众应该具备一定数量的知识和相应的态度⑦，SSCC⑧⑨提倡公民和消费者应该了解某些特定的科学和技术问题以便实现个人的兴趣和好奇心，做出明智的决策，并参与公民的民主进程。SSCC认为公民追求科学和技术拥有不同的动机和目的，并没有普适的CSL。SSCC建议扩展米勒CSL的关于公众知识的第三维度。

---

① Bauer, 2007.

② Bauer, M. W., and Jensen, P., "The mobilization of scientists for public engagement". *Public Understanding of Science* 1 (2011): 3 –11.

③ Center for Advancement of Informal Science Education Inquiry Group, *Many experts, many audiences: Public engagement with science and informal science education: A CAISE Inquiry Group Report* (Washington, DC, 2009).

④ Hodson, D., "Time for action: Science education for an alternative future," *International Journal of Science Education* 6 (2003): 645 –670.

⑤ Liu, X., "Expanding notions of scientific literacy: A re-conceptualization of aims of science education in the knowledge society", in N. Mansour and R. Wegerif, eds., *Science education for diversity in knowledge society* (Dordrecht, the Netherland: Springer, 2013).

⑥ Roberts, D. A, "Scientific literacy/scientific literacy", in S. K. Abell, & Lederman, N. G., eds., *Handbook of research on science education* (Mahwah, NJ: Lawrence Erlbaum Associates, Publishers, 2007).

⑦ Miller, J. D., "Scientific literacy: A conceptual and empirical review", *Daedalus* 2 (1983): 29 –48.

⑧ Toumey, C., *Science in the service of citizens and consumers: The NSF workshop on public knowledge of science, October* (Columbia, SC: University of Carolina, 2010).

⑨ Guterbock, T. M. et al., *Report of the 2010 NSF science indicators instrumentation workshop,* University of Virginia Center for Survey Research, 2011.

二 内容效度

如上所述，米勒的 CSL 由三个维度组成。在 1979 年进行的调究[①]中，他针对关于科学词汇的基本维度，提出了涉及三个术语（重力、DNA 和 GNP）的三个问题，被访者都被问到对三个问题是否有"清楚地理解"，还是"一般地理解"及"不理解"。如果回答为"清楚地理解"，进一步要求被访者对此进行准确定义。第二个维度，被访者被问到对科学研究是否有"清楚地理解"，还是"一般地理解"及"不理解"，如果回答为"清楚地理解"，进一步要求被访者对此进行准确定义[②]。第三个维度——理解科学政策问题，包括三个问题，这三个问题涉及有争议的化学添加剂在食品中的应用、核能和太空探索，对每个问题被访者被要求说出两个潜在的好处和两个潜在危害[③]。

在随后的研究中，测试题的数量和形式多样，虽然但整体测量方法保持一致。例如，在 1985 年的调研中，第三维度中的三个问题并没有被采用，相反每个被访者被要求说出在过去 10 年中最重要的和第二重要的科技成果。另外，被访者被要求回答"同意"或"不同意"一组关于科学与社会关系的 5 个问题，包括"吸烟会导致严重的健康问题"、"宇宙中可能会有成千上万的行星像地球一样已经得到了开发"、"人类发展于早期的动物"、"火箭发射改变了我们的气候"、"据报道，一些不明飞行物已经从其他文明太空降临地球"[④]。

---

① Miller, 1983.
② Miller, 1983.
③ Miller, 1987.
④ Miller, 1987.

1988 年，英美合作测量了 CSL，并采用了一组包括封闭式和开放式问题的扩展试题，试题涉及 12 个科学术语，这些术语被认为是阅读和理解当代问题的基础知识，并且在一定时间内不会发生改变。在这些术语中，有 9 个试题测量了科学词汇维度，有 3 个试题测量了第二个维度——科学过程①。这些科学词汇涉及了以下想法：DNA 和分子的定义，光比声音传播速度快，地球绕着太阳转，激光不是声波的聚焦，放射性不是人造的，电子小于原子，最早的人类并没有与恐龙处于同一时期，大陆已经漂移了数百万年，煮沸不能使被放射污染的牛奶更安全，地球的中心很热，抗生素只能杀死细菌而不是病毒。科学过程维度包括以下三个认识：治愈遗传疾病的可能，占星术不是科学，可控性实验。1995 年在美国进行的调研只采纳了其中的 9 项内容。

无论在实际测量中采用多少试题以及是否采用选择性回答，这些试题都被视为"一个重要的关于 CSL 内容的样本"②，因此，涉及内容效度的问题是这些试题的内容是否能够代表 CSL 的内容。尽管没有人确切地知道有多少词汇可用于描述科学概念、理论和过程，早期高中课本中关于科学词汇的研究可以帮助我们了解科学词汇的庞大数量。格罗夫斯③分析了在中学科学教科书中的词汇，发现《现代化学》（MC）含有 2950 个词条，《生物科学课程研究》（BSCS）含有 1899 个词条，《物理科学研究》（PSSC）含有 1538 个词条，《地球科学》（ES）含有 992 个词条。米勒建议美国 2016 项目 Benchmarks 文本④可以"提供一个所有科学概念的总体的一个近似"⑤。Benchmarks

① Miller, 1998.

② Miller, 1998.

③ Groves, F. H., "Science vocabulary load of selected secondary science textbooks", *School Science and Mathematics* 5 （1995）：231 – 235.

④ Project 2016, *Benchmarks for scientific literacy* （New York：Oxford University Press, 1993）.

⑤ Miller, 1998：203 – 223.

文本基于前期出版物《为全体美国人的科学》①，该出版物有 18 页主题索引。每个主题索引估计有 100 个词条，也即整个文本包含大约 1800 个词条。虽然 CSL 只是 SL 的一个子集，我们仍然可以认为与 CSL 相关的科学词汇的数量巨大。与这种潜在的大量的科学词汇相比，包含在米勒 CSL 测量中的科学词汇就显得数量有限，通常小于 15 个，这就极有可能降低米勒 CSL 测量的内容效度。随着科学技术的迅猛发展，新的术语被不断地创造，在 21 世纪就需要有更多的理论和实证研究来找出那些有代表性的科学术语。

此外，内容效度问题还是区别科学知识与个人或宗教信仰的关系问题。一个很好的例子就是米勒 CSL 测量中与进化和"大爆炸"理论相关的试题。NSF 资助的研究会建议应该在 CSL 测量中删除进化与地球起源的试题，因为它们与宗教信仰相关②。这个例子反映了出米勒测量的一个更大问题，即评估试题的去语境化。在实际的 CSL 中，如阅读《纽约时报》科技专栏文章或讨论公共政策在资助干细胞研究方面的报道，新闻报道的背景在公民对科学知识的理解和公众参与中扮演了重要角色。在特定的环境中（例如在高科技公司工作或拥有患有癌症的家庭成员），公民对特定的科学技术问题能显示出独特的认识和态度。理解科学技术总是与个人的背景和经验相关的。在米勒 CSL 测量中去语境化的问题不能充分反映 CSL 的实际情况。

上述问题的语境化涉及知识和理解之间的区别。知识是简单的定义或事实回顾；而理解包括解释、翻译、应用、感知、同理和自我认知③，

---

① Project 2061, *Science for all Americans*（New York：Oxford University Press，1989）.

② Toumey，C.，*Science in the service of citizens and consumers：The NSF workshop on public knowledge of science*，October，2010（Columbia，SC：University of Carolina，2010）.

③ Wiggins，G.，and McTighe，J.，*Understanding by design. Alexandria*（VA：Association for Supervision and Curriculum Development，2005）.

今天，CSL 中涉及的科学技术内容主要是理解而不是知识，因为寻找一个陌生的科学术语只需要一部手机或一台电脑就随时可以查询。米勒的 CSL 测量主要涉及的是知识而不是理解，这点不符合 CSL 的科学内容的本质。

三　效标效度

在 1979 年的研究中，米勒采用特殊的标准来决定被访者是否具有 CSL，从科学方法维度看，当被访者对科学研究和认识能够提供一个合理的定义或认为占星术不是科学即达到了合格的成绩；第二个维度即理解科学构造，当被访者能够清楚地理解三个问题中的一个或至少一般理解其中的两个问题即达到了合格的成绩；第三个维度即理解科学政策问题，当被访者至少能够说出 12 个中的 6 个利弊即达到了合格的成绩。一个被访者只有达到了所有上述三个维度的合格成绩即被认为具有 CSL。1985 年的研究中使用了类似的标准。

在 1995 年美国进行的研究中，米勒采用了三参数项目反应理论（IRT）。受访者的得分范围被设置为 0 ~ 100，平均值为 50，标准偏差为 20[1]，之后他设置了一个 67 分的分界点，以区分是否具有 CSL，这个分值相当于受访者总分的 2/3。特别是米勒建议那些能够在两个维度获得合格成绩的被访者被认为具有"公民科学素养"，而那些在一个维度获得合格成绩的被访者被认为具有"部分公民科学素养"。不过米勒[2]建议"继续使用每个维度理解阈值水平并对每个维度水平对后续态度和行为的影响进行研究是非常重要的"。

---

① Miller, 1998: 203 - 223.

② Miller, 1998: 216.

上述的分类是否有效，这个问题到目前为止还没有有力的证据能够证明。例如，在米勒[1]的报告中，根据米勒的分类标准，有5%的美国成人具备 CSL，并拥有用来阅读和书写的相关科学技术，能够理解与科学技术政策相关的争论议题，但另外 95% 的美国成人真的就不具备这些能力吗？读和写的标准是什么？这 5% 的人是否真正参与了与科学技术有关的公众讨论和政策制定？这种参与度是如何进行测量的？上面的问题，涉及了米勒科学素养测量的效标效度，并且目前仍没有答案。

前面提到的 NSF 资助的研究会建议建立另一种米勒 CSL 测量的效标效度[2][3]。因为 NAEP，TIMSS 和 PISA 的效度和信度均具有高度的评价，有可能通过询问被访者而能同时回答米勒 CSL 测量的问题和一个 NAEP，并利用 TIMSS 和 PISA 测量进行效度研究，两者成绩统计上显著的相关性将能够证明米勒 CSL 测量的效标效度。

米勒也认为效标效度需要进行持续性研究，即"研究应该聚焦于特殊的政治历程，公民选择科学技术论题的兴趣范围以及在决定是否或如何参与公众辩论中 CSL 在期间充当的角色等方面。虽然在公众参与外交政策的争议中做过一些创新研究，但在过程中几乎没有关注到 CSL 的作用和测量"[4]。

四　结论效度

美国和其他相关国家应用米勒的 CSL 测量的时间已有 30 多年

① Miller, 1983: 29–48.

② Guterbock，T. M. et al.，*Report of the 2010 NSF science indicators instrumentation workshop* (University of Virginia Center for Survey Research，2011).

③ Toumey, 2010.

④ Miller, 1998: 220.

了，虽然这些国家对使用米勒测量所得到的结果没有系统的评价，但米勒测量对提高公众意识的影响是明显的。当新闻标题指出只有5%的美国人具备公民科学素养时，不可避免地引起了政府和公众的注意。这种注意可以从美国自1979年以来两年一次的《科学和工程指标》报道米勒CSL测量结果看出。这种测量也同样在中国、印度、日本和欧洲在内的其他国家和地区定期进行①。

关注CSL在政府和公众方面均可以导致正面和负面的结果。虽然米勒测量促使政府和非政府组织努力提高CSL的做法被认为是积极的影响，但我们也必须意识到在公共政策的制定和误导性的资源分配方面可能产生潜在的负面影响。如何定义和测量CSL，会不可避免地影响到正式和非正式科学教育政策的制定，进而影响到公共资源的分配。因此，必须加以严格地监控以避免任何意想不到的负面影响出现。

由于米勒测量的潜在影响，国家科学委员会决定从2010年《科学和工程指标》中去除米勒测量中关于进化与地球起源的试题。这个决定引起了关于科学与宗教之间的关系和国家科学委员会定位的激烈辩论②，这个案例表明，CSL测量内容和手段可以直接影响公众对科学的定义，影响人们对科学在人类生活中作用的认识。

五　信度

信度是测量有效性的必要属性之一，因此米勒一直在努力地提

---

① National Science Board, *Science and engineering indicators*（Arlington, VA: the Author, 2012）.

② Bhattacharee, Y., "NSF board draws flak for dropping evolution from indicators", *Science* 328（2010）: 154.

高测量的信度，1979 年进行的第一次研究中[1]，米勒声称问题的回答由两个独立评审员进行评分，但评审员之间的评价者间信度并没有进行报道；在 1985 年的研究中[2]，米勒声称由四个独立评审员对受访者的答案进行评分，也同样没有报道评价者间信度；1988年英美合作测量 CSL[3]，采用了大量的开放式问题，报道了测量信度，可重复性系数约为 0.9。

除了上面讨论的评价者间信度，还有其他类型的信度。其中之一是内部一致性信度，或称 α 信度系数。尽管米勒没有在他的出版物中报道这个指数，但间接从 Guterbock[4] 获得的数据说明，米勒科学词汇知识的测量信度系数较高。信度系数的范围为 $0 \sim 1$，α 越高，测量误差越小。但 α 直接受试题数量的影响——试题越多，α 越高。如果只有一个、两个或三个试题，米勒科学研究维度的测量不太可能有较高的 α。这是因为当测量只包括少量的试题，每一个回答对测量的信度系数都具有较大的影响。当试题较多时，每个回答对信度的影响可能会相互抵消。太多的试题虽然可以获得较高的信度系数，但测量成本也会增加，因此对每个测量来说，确定理想的试题数量，获得可接受的信度系数（通常 α 最小为 0.8）是一个不小的挑战。今后米勒的 CSL 测量在采用、修正的同时应更多关注这个方面的问题。

六　结论

毫无疑问，在美国和国际上米勒的 CSL 测量在过去几十年里

---

① Miller, 1983: 29 - 48.

② Miller, 1987.

③ Miller, 1998: 203 - 233.

④ Guterbock, 2011.

促进了相关的研究工作和关于公众理解科学的公共政策的制定。米勒的测量具有一定程度的结构效度和评价者间信度,然而其内容效度和效标效度尚属未知。效度和信度是测量的属性,它们可能随时发生变化。当我们从强调 SL 转向公众参与科学[①],就有必要扩大米勒 CSL 的概念框架,开发新一代公众参与科学的测量。不管这新一代测量如何展开,不断监测其使用效果和影响是极其重要的。

---

① Center for Advancement of Informal Science Education Inquiry Group, *Many experts*, *many audiences*: *Public engagement with science and informal science education*: *A CAISE Inquiry Group Report* (Washington, DC, 2009).

核废料最终处置场
选址之风险沟通

范玫芳*

摘　要：

核废最终处置场选址多年来悬而未决。本文旨在检视低放射性核废料最终处置场选址过程中风险沟通的复杂性以及不同的风险沟通层次间如何交互作用。本文呈现利害关系人与公众对低放核废处置设施潜在影响的不同认知、风险与利益分配的多元理解、公众对体制的缺乏信任以及价值观与未来愿景的冲突。本文主张有必要持续推动公共对话，以促进公众对社会经济与环境变迁的辩论和学习，并建构完善的参与式科技评估制度和永续的、民主的科技治理。

关键词：

风险沟通　公共对话　公众参与科学决策

　　低放核废最终处置场选址以及兰屿贮存场迁移问题多年来悬而未决，反映出原汉冲突、公众对体制的不信任以及反核团体与政府间对立等问题，挑战了行政机关的治理能力。"立法院"于2006年通过《低放射性废弃物最终处置设施场址设置条例》（以下简称

＊　范玫芳，台湾阳明大学科技与社会研究所，副教授。

《选址条例》），并引进地方公投及高达 50 亿元新台币的回馈金机制，试图提升选址的正当性与公众接受度。"经济部"在 2009 年 3 月公告台东县达仁乡与澎湖县望安乡为"建议候选场址"，然而同年 9 月澎湖县政府将望安乡东吉屿划定为玄武岩自然保护区，使其被排除在"建议候选场址"之外，从而不符《选址条例》中需有两个以上的建议候选场址进行公投的规定，迫使选址程序退回重新评选阶段。"经济部"于 2011 年三月底公告台东县达仁乡与金门县乌坵乡由"潜在场址"列为"建议候选场址"。"经济部"与台电规划在 2013 年 6 月前后，候选场址所在地台东县和金门县举办同意权地方性投票。

科技争议与冲突不但根源于环境健康风险，也牵涉公平、分配正义以及社会核心价值的挑战。Renn 与 Levine（1991）认为科技争议/风险沟通与辩论牵涉以下三个分析层次：①实际证据与科学发现；②个人与体制的判断及过去相关经验；③个人的价值与生活方式（Lifestyles）。第一个层次的辩论焦点在于科技议题以及不具专业知识的常民（Lay Public）所能了解的实际资讯。但辩论往往不局限于技术的考量，而将焦点转移到风险与利益的分配及该计划或解决方案的社会与经济面之妥适性。这又带入第二个层次：个人与制度的判断和经验。在此层次，"沟通与对话的活动"以及"社会需求的开放性"是提升对制度信赖的两项要素。第三个层次的沟通涉及价值信念与世界观的争论，必须借由开放性的对话并邀请民众参与决策过程，以寻求或建立在风险管理上的共享意义或共同立足点。①Drevenšek（2005）强调决策者、沟通者与专家必须考量这三个层次的影响因素、关注焦点与在正当情况下可能受到的挑战。针对科

---

① Renn, O. and Levine, D., "Credibility and trust in risk communication", in R. E. Kasperson and P. J. Stallen, eds., *Communicating Risk to the Public*（Kluwer: Dordrecht, 1991）, pp. 175 – 217.

技争议涉及价值的冲突，沟通与协商（Negotiation）是促成环境公民身份的驱动力（Driving Force），也是达成环境议题的共识与制定永续发展决策的要素。①

本文旨在探讨低放核废议题如何在主要的风险沟通层次上扩散与交互作用，包括公民与专家的知识宣称（Knowledge Claims）、风险与利益的分配、个人对体制的判断与经验以及价值观与生活方式。本研究采文件分析法、深度访谈地方居民与主要利害关系人，并辅以民调及 2010 年 3 月"原能会"委托学术单位举行的"核废何从"公民审议结论报告。在介绍理论观点与低放选址争议背景后，本文将呈现风险沟通所涉及三个层次的冲突，进一步讨论未来如何强化沟通与重建公众信任。

一　风险沟通与科学民主化

德国学者 Beck（1992）在《风险社会》一书中指出，风险的界定与分配已成为西方晚期现代化社会争论与冲突的核心。② 针对公众风险感知的复杂性，Plough 与 Kirmsky（1987）将风险评估所奠基的理性区分为两种类型："技术理性"（Technical Rationale）与"文化理性"（Cultural Rationale）。"技术理性"关注在统计测量与概率，诉诸权威与专业知识（Expertise），相信科学方法、证据及因果关系解释。而"文化理性"则是根植于常民的日常生活经验、文化传统与同侪团体之间的互动，对无法直接表达的风险则被视为是相关的，相信政治文化与民主程序。以"技术理性"为根据的风险评估对风险的界定是相当狭隘的。公众的质疑与反对并

---

① Drevenšek, M, "Negotiation as the driving force of environmental citizenship", in A. Dobson and A. V. Sáiz, eds., *Citizenship*, *Environment*, *Economy*（Routledge: London, 2005）.

② Beck, U., *Risk Society: Towards a New Modernity*（London: Sage, 1992）.

不一定针对风险本身，而是对科学支配以及决策机制的不信任。[①]
Wynne（2005）认为现有的体制对复杂风险问题的处理方式有过度
简化的现象，忽略了人类所追寻的目标（Human Ends），其造成的
严重结果是风险的低估。[②] 周桂田（2007）也提出"双重风险社
会"（Double Risk Society）的概念，即社会中所产生风险，经过一
个隐藏的社会系统和隐匿的风险文化，会产生更严重的风险。[③]

前述 Renn 与 Levine（1991）提出的风险辩论与沟通的三个层
次，在强调科学的公众面向（Public Dimension）时不容忽视。风
险沟通乃透过利害关系人之间相互交换资讯与互动，增进彼此对风
险差异的了解并协调解决之道。技术专家的沟通途径所强调的宣传
与单向讯息传递，往往加深民众对体制的不信任，而必须重视公共
决策过程并建立双向风险沟通模式，强调权力的对等关系与公平参
与。[④]

近来愈来愈多的研究主张科技决策应该要建立在社会大众讨
论的根基上，如 Fiorino（1990）提出三种公民参与的立论基础，
这三种论点对于专家与常民在参与模式中所扮演的角色各有不同
的见解。[⑤] 第一，工具性论点（Instrumental）：强调公众参与能够

① Plough, A. and Kirmsky, S. , "The emergence of risk communication social and political context," *Science*, *Technology & Human Values* 3 – 4 (1987): 4 – 10.

② Wynne, B. , "Risk as Globalizing 'Democratic Discourse'? Framing Subjects and Citizens", in M. Leach, I. Scoones and B. Wynne, eds. , *Science and Citizens*: Globalization *& the Challenge of Engagement* (London: Zed Books, 2005).

③ Zhou Guitian, "Public trust and risk perceptions: A preliminary study of Taiwan's GMOs, 2003 – 2004", *Taiwanese Journal for Studies of Science*, *Technology and Medicine* 4 (2007).

④ Fisher, F, "Hazardous waste policy, community movements and the politics of Nimby: participatory risk assessment in the USA and Canada", in F. Fisher and M. Black, eds. , *Greening Environmental Policy*: *The Politics of a Sustainability Future* (London: Paul Chapman, 1995).

⑤ Fiorino, D. J. , "Citizen Participation and Environmental Risk: A Survey of Institutional Mechanisms." *Science*, *Technology*, *& Human Values*, 2 (1990): 226 – 243.

降低民众对科技决策的反对声音，以提高决策正当性。特别在接二连三的科技灾难（例如：核电厂辐射外泄）事件后，公众不愿将重要决策交给专家与政府，若在缺乏公众同意下贸然做决定，会加深民众对政府的不信任，并产生"民主赤字"的不良后果。① 第二，规范性论点（Normative）：认为专家决策导向并不符合民主原则，尤其在高度复杂的科技议题中，不仅涉及技术本身，还涉及主观的价值判断。根据规范性民主理论观点，公民应该能参与自身或社群的事务，同时承认民众才是自身利益的最佳判断者。第三，知识性论点（Substantive）：由于常民对身处的社会脉络所具备的知识与敏感度不一定较专家弱，其洞见不应被专家所忽略。尤其是专家之间对科学知识也存有不同的看法。借由专家与常民在各种公民参与模式的互动中，带来"知识合产"（Knowledge Co-production）。了解民主参与和公共审议与对话，将有助于参与者的转化，透过参与者的互动、讨论与反思多元的观点，进而提升公民知能，并培育积极的公民身份（Active Citizenship）。

二　科学不确定性、风险与利益的分配

核废料最终处置最受关注的问题是辐射对居民健康的可能影响。根据台电以及"原能会"的说法和提供给一般大众的文宣资讯，台湾地区天然背景辐射每年约 2 毫西弗（mSv），胸部 X 光照射一次约 0.1 毫西弗。低放废料的处置采用多重障壁安全防护设计，且处置设施的运转、封闭与监管均符合安全的管制标准，对处

---

① Rowe. G. and Frewer, L., "Public Participation Methods: A Framework for Evaluation." *Science, Technology, & Human Values*, 1 (2000): 3–29.

置设施外所造成的辐射剂量值限定在每年约 0.25 毫西弗。[①] 在"核废何从公民讨论会"的电视讨论会上,"原能会"物管局局长将辐射背景值资讯传递给现场公民以及观众,并强调低放废弃物处置设施的安全性。核工背景的授课专家则指出其个人对地下水问题与施工品质的顾虑。然而,反核团体对台电所提供的核废料最终处置设施相关科学资讯与安全性有所疑虑,受访民间团体认为核废料最终处置场具有风险并质疑:"既然他'台电'说是这么的安全,这么不会污染环境的话,那为什么又要千里迢迢跑到'原住民'部落呢?"(受访者 ENGO 2)公民讨论会中,环保团体的授课专家以及几位公民同样提出类似的质疑。

有受访的台东县达仁乡居民与几位环保人士认为最终处置设施与核电厂一样且具不可回复性的伤害,并提及切尔诺贝利核灾事件、兰屿核废料贮存桶锈蚀与附近居民病变增加的问题。也有受访居民担忧居民罹癌率上升、"原住民"的土地权被侵犯影响族群的存续以及邻近乡会在核废料运送过程中遭受污染。对一些居民而言,最终处置设施的设置涉及科学不确定性,且突发的风险或灾难事件也会影响人们的风险感知。地方环保团体认为潜在场址在山区,将对当地丰富的自然资源与生态造成严重威胁。

民众对最终处置设施有关健康与环境潜在影响的感知,会影响其对选址作业的观点。在公民讨论会的公民结论报告中,公民小组提出对选址评选参数的看法,认为目前选址条例规范,"并非唯一之选址原则与考虑的标准",应该"包括公民代表","以解决专家可能的本位盲点"。公民小组特别强调通常被选到的潜在场址多位于人口稀少的偏远地区,但这些地方往往具有生物多样性的特点,

---

① 台电:《低放选址——从"投"开始:低放射性废弃物最终处置场选址与公投》,台北:台电。

"已知的潜在场址皆是原始山林生态、物种丰富之地"，显示公民小组对生态与物种影响的关注。公民小组同时提出"现有核能发电厂址是否能成为候选场址？"的问题，并在结论报告建议"政府应审慎考虑将低放废料存放于既有核电厂"。公民小组的理由包括"台湾土地有限，应珍惜使用土地资源"、"核电厂选址的要求应是较严苛"、"既有核电厂用地尚未满载可以做先行实验"，以及"既有的核电厂处置核废较为方便，不需多建一个港口，不会产生核废运输上的问题，可避免社会动荡不安与沟通成本降低"。除了以上理由，也可能因为公民小组中有几位来自潜在场址的住民（如台东与离岛），态度明确地反对处置场设在他们的家乡，为了使当地免于受到健康与生态的威胁以及解决最终处置问题，而有此提议。针对公民小组的质问与提议，"原能会"的回应则是："核电厂运转寿命仅数十年，未来除役后，其土地尚可做其他开发利用，以目前世界各国积极采用核能作为减低二氧化碳排放之洁净能源，对于将现行核能电厂场址转移他用必须审慎保留。"

风险与利益的分配成为反核团体论述的焦点。受访的环保团体对于回馈金所代表的意涵提出质疑："假如一个好东西要送给你，还需要送钱给你吗？要花那么多钱送给你，这个东西一定是很坏的东西……这个东西五十亿，它远远超过五十亿啊。基本上是一个收买，这等于买掉你整个，断送你整个地方的生存。"（受访者 ENGO 1）。在公民讨论会中，来自环保团体的专家认为回馈金牵涉国家如何对待贫穷地区以及资源分配的问题，而维持住民基本的生活需要以及社会福利本来就是政府应善尽的职责。不少地方居民将处置设施对健康与生态影响的争论，移转到对回馈金与相关福利等资源如何分配等议题的关注。但也有居民认为目前似乎面临不得不寻求解决核废料处理的问题，在最初公告为潜在场址阶段时，有受访居民认为已到了选址的末端，似乎无法影响或带来较大的政策改变，

转而关注未来回馈金如何分配。

台电强调低放处置场"与地方共荣共存","打造地方荣景的愿景规划"以及回馈金"对乡亲的助益",试着将议题焦点延伸到更广的社会经济风险,强调"未发生意外的事件或事故,但有人蓄意造谣"或风险被放大后,将"对地方文化观光活动和农、渔产销售产生影响"。同时提出三项对策:加强安全监督与资讯透明化、进用当地人以避免谣言发生以及签订《确保周边地域安全及环境保护议定书》,将安全性的争论延伸到公众对体制的看法与信任。

三 缺乏公众信任

当人们无法明确地评估科技造成的"实际"影响时,则倾向于评判控制此科技的机关。① 政府的治理能力以及能否善尽职责关键性地影响公众对最终处置场可能造成健康与生态冲击程度的感知。台电曾安排潜在场址的地方民意代表与意见领袖参访日本青森县六所村最终处置场,以增进地方意见领袖对于台电处置技术与未来监督的信心,并在许多研讨会与公开说明会上强调世界上已有不少国家完成低放最终处置设施兴建,以及日本、瑞典与韩国的成功经验。

一些居民担心台电没有足够的技术能力控制风险。民众的疑虑与人民对政府过去核废料处置经验、施政能力与体制的看法息息相关。有受访的台东居民指出因获得有关兰屿贮存场对当地居民健康与生态造成负面影响、国外曾发生的灾难以及民众抵制的负面资

---

① Wynne, B., "Technology, risk and participation: on the social treatment of uncertainty", in J. Conrad, ed., *Society*, *Technology and Risk Assessment* (New York: Academic, 1980).

讯，而对台电的处置技术产生怀疑。一位反核团体受访者指出：
"我对台电的经营完全没有信心，今天你把它放到'原住民'部落
或是没有人的地方，一旦有外泄或污染的事件发生的时候，知道的
时候可能已经是很严重的时候了。"（受访者 ENGO 2）

民众对台电与政府所提供的资讯与监督缺乏信任。根据 2010
年 2 月执行的全国性民调，民众对台电提供的资料较缺乏信任感，
当问到"请问您相不相信'台电公司'公开的资料？"，有超过一
半以上的受测者不相信，回答"不太相信"与"非常不相信"分
别占 45.4% 与 15.8%，"还算相信"与"非常相信"占 25.4% 与
2%。民众对"政府"的整体施政的也缺乏信任，当问到"请问您
相不相信'政府'公开的资料？"有高达 46.6% 与 19.7% 的受测
者回答"不太相信"与"非常不相信"。民众对专家学者与环保团
体有较高的信任度，分别有 49.1% 与 5.9% 的受测者表示"还算相
信"与"非常相信"专家学者发表的言论，也有过半的受测者相
信环保团体公开的资料，回答"还算相信"与"非常相信"各占
48.5% 与 9.9%。

环保团体指出资讯不对等的问题，认为台电有庞大的资源去宣
传，而反核人士或反对阵营的资源相当有限，正反双方应该在相同
资源的基础上进行风险沟通，例如台东民间团体质疑台电利用赞助
地方活动庆典、音乐会、社团与学校活动等场合进行"敦亲睦
邻"，强调核废最终处置设施的安全性以及对地方带来的利益，并
在地方媒体版面与综艺节目进行置入性行销。在公民讨论会上，来
自环保团体的授课专家质疑台电一再提到日本六所村最终处置设施
相关资讯的可信度，并提供资料显示六所村村民并不认为"核燃
对青森县带来的经济效果有那么大"，"真正世居于六所村的居民，
迄今的平均所得仍旧偏低"。

公民小组在低放讨论会的提问也呈现出公民对现有体制与政府

单位能力的疑虑。公民小组强调核废选址"资讯揭露"重要性，认为"资讯应全面公开，但政府和全民在资讯公开的认知，仍有落差，形成质疑或不信任的关系"。"民众或相关团体需要的资讯，不仅是科学数据，还需要政府提供整个计划、研究或调查过程中的合法资料。"公民小组主张纳入民间团体与各领域专家共同监督处置场施工与营运。

公众对回馈金如何使用与分配以及对当地冲击之看法同样会受到过去经验与对体制判断的影响。受访的反核团体根据其过去对其他开发案的经验，认为回馈金可能会用在公共建设或土地征收上，并质疑公共工程的建设也是为了方便核废料的运送，可能让承包工程的业者与少数人获利，而当地"原住民"所能获得的非常有限。公民小组对台湾过去回馈金运作也抱持负面评价："回馈金只会让地方政治人物、有利益关系的意见领袖被收买。"回馈金争议也造成部落族人之间的分化。公民小组同时认为巨额的回馈金反而有负面作用："可能会强迫、引诱这些地方因回馈金而接受核废"。有关回馈金的象征与实质意涵之不同观点已延伸到价值层次的分歧。

四　价值观与愿景的冲突

核能与核废争论往往牵连在一起，而有关方面目前对未来核能发展尚未达成共识。台电正研拟对运转中的六部核电厂机组进行功率提升，规划在 2025 年前完成三座新核能机组的兴建，将可协助政府达成 2025 年碳排放降至 2000 年水准。公民讨论会上核工背景的学者专家将核能与温室气体减量政策联结，将核能视为解决全球暖化问题的必要选项。台电在相关文宣与媒体上表示核能提供安全与可靠稳定的电力，能促进国家经济成长，迈向低碳家园。反核团体质疑"低阶核废只是核能工业链聚集地的第一步？""现在的低放核废候选场址所在地，将来会不会像日本六所村，一步步成为其他核能工业链的聚集地？政府有明确保证承诺吗？"

"永续发展"一词在公民小组结论报告以及讨论过程中多次被提及。永续发展概念缺乏一致的界定，目前学界、政府与实务界各持不同的立场，呈现不同强弱程度的论述。公民小组中几位公民非常强调潜在场址所在地往往具有丰富的物种，反对核废料放在"无人岛"的选项，展现较强的永续论述以及生态的优先性。结论报告中则强调核能与核废政策攸关"生态永续"和"民众福祉"。

"世代公平"的概念在讨论核能与核废联动性以及核废处置时成为重要的论述。核能的发展与核废处理皆涉及当代对后代的责任问题，如果当代持续发展核能，后代势必得承担核废处置的风险与责任。公民小组认为核废处置与能源政策必须考量"不同世代的需求"，"充分纳入民众考虑的面向"。在2001年民进党主政时期，已达成了"非核家园"的共识，当时"非核家园"的政策宣示多少会影响民众对核能未来发展的看法。根据研究计划执行的民调，有55%的民众支持"非核家园"，23%的民众支持"继续盖核电厂"，回答"都可以"以及"无意见"各占3.2%与18%。有高达83%的民众认为"处理低放射性核废料是我们这一代的责任，不应该将这件事留给下一代处理"，仅14%的民众不同意。至于低放射性核废料最终处置是否有急迫性，近40%的民众认为"还算急迫"，认为"非常急迫"也占40%，仅有13%的民众认为不急迫。公民小组成员在结论报告中，表示并不反对低放废料的处置，但也强调不能因为急迫性的考量，而使得选址缺乏讨论空间。

选址争议牵涉居民对地方愿景的想象以及对美好生活（Good Life）的不同看法。潜在场址所在的台东县达仁乡南田村居民是经济状况较差的一群。根据受访的部落会议主席与社区理事长的谈

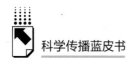

话，了解了潜在场址所在的达仁乡南田村与森永村居民多数表示赞成。居民以经济和发展地方为优先考量，希望争取回馈金及相关福利措施（如工作机会、用电、地方建设与医疗福利），不少村民相信低放最终处置场对地方建设及当地住民的福利有正面助益。邻近乡镇的居民则更重视地方环境及族群的永续发展，而不愿家乡的生态环境以及族人健康受到可能的负面影响。

"环境正义"成为反核团体论述的主轴。受访环保团体指出目前的潜在场址在以前都被曾提过，现在又被选到了，却无法得知遴选所依据的指标为何，而认为牵涉"最小反抗原则"："可能在原住民乡镇人民不懂得争取自己的权利，如果这个东西这么好，为什么要放在人家很弱势的地方去？"（受访者 ENGO 2）对一些部落族人来说，"原住民"生存的传统领域被选为潜在场址是不尊重"原住民"历史与文化认同。公民小组在结论报告也强调"环境正义"的原则，认为应该由都会区及工业区使用电力较多的区域承担核废处置的风险，而潜在场址拥有丰富的物种，又"极少使用电力，不应该承担核废的污染风险"。

根据研究计划进行的民调显示，民众对经济、环保与科技层面的价值典范呈现分歧。在经济面向上，大多数的受访者仍将经济成长视为重要议题，当问到"请问您同不同意经济成长，应该是社会上最需要关切的议题？"有76%的民众表示同意，仅20%的民众表示不同意。不过，也有74%的民众同意"自然资源应该被用来满足生活上的基本需要，而不是追求更多的财富"，有接近20%的民众表示不同意。这显示尽管多数民众重视经济成展，但意识到人类不应对自然资源予取予求。在科技面向上，有38%的民众认为"科技可以解决严重的环境问题"，54%的民众表示不同意。显示多数受访者将科技进步与经济发展联结，但并不尽然呈现科技乐观主义。

针对核废处置所涉及的多元价值冲突，需要更多对话与共同立场（Common Ground）的寻求。唯有当公民或常民获得有关环境在地方、区域、国家与全球层次的相关资讯，他们才能扮演积极与负责的角色，以形塑与他们的期望和需要相一致的政策制定。沟通与协商活动包括相当多元的形式，例如与地方居民双向的风险沟通、正式与非正式的教育方案、公众关系的活动。公民审议活动有助于公民对议题的了解、获得不同选项背后的立论与牵涉的价值主张以及提升其公民身份感（A Sense of Citizenship）。

五　结论

社会信任被视为民主体制中非常重要的社会资本（Social Capital）。社会资本包括社会人际网络与合作、价值规范与信任，其是有效治理的重要基础，同时也是公民广泛参与、冲突调解、政治稳定的基石，有助于增进社会福祉。相较于正面的或有助于建立信任的事件，负面的及会造成信任破坏（Trust-destroying）的案例往往较容易受人们注意且曝光率较高。这样的社会心理倾向会助长对风险情境的不信任。① 在低放核废选址沟通与辩论中，有关科学发现与事实数据的沟通，讨论的焦点经常延伸到民众对体制的判断与经验层次，过去兰屿贮存场的负面经验也引起民众对处置技术与监督的质疑。核废处置的风险沟通已延伸到价值与愿景的层次，例如回馈金的意涵、地方愿景以及未来社会发展方向。目前社会大众对核废料问题，即是否要继续发展核能或非核家园以及能源的使用等议题尚无共识。信任的取得无法展现技术能力或诉诸专业知识，

---

① Slovic, P., "Perceived Risk, Trust, and Democracy", in G. Cvetkovich and R. Löfstedt, eds., *Social Trust and the Management of Risk* (London: Earthscan, 1999).

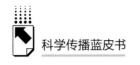

需要致力于沟通与协商的活动并开放面对社会需求（Drevenšek，2006）。

公投机制是直接民主的展现，提供了公民参与的管道，并强化了决策的正当性。但由于选址涉及风险与利益的分配以及多元观点与价值的冲突，如未能让不同意见的公民在获得充分资讯下进行理性沟通，来自基层的反弹声浪便难以弭平，且容易发生政治精英操纵资讯与煽动群众情绪以达成其政治目的的情况。① 受访的反核团体认为台湾过去举办的投票或是民调所设计的题目并不周延，必须考量公民是否看得懂公投题目，或问题设计有没有诱导答题方向，让公民以为只有此一选项而无其他选择。此外，反核团体也提出公投票的权重问题，主张核废料最终处置场所在村落在公投选票上应加重其权值。在公投之前有必要提供公共对话平台，强化资讯透明化，让多元意见在地方呈现。

"民主与公平的程序"成为面对风险如何分配与管理所涉及伦理价值冲突时的重要原则与关注焦点，强调那些受风险影响的居民必须能获得充分资讯以及充分机会参与决策，而风险管理者也必须公开地为其相关作为负起责任。"风险管理"、"民主程序"与"信任"的关联与整合，往往成为风险决策者以及社会科学家在分析环境与健康风险或威胁所造成的社会冲击时的关注焦点。② 当前在一些重大的环境与科技议题的冲突中，反映出公民不满末端与徒具形式的参与，并挑战既有决策体制，致使社会争议不断扩大的问题。公民参与科技争议不仅只是在决策的末端（Back-end）以及科

---

① 汤京平、蔡璿庭、范玫芳：《低放最终处置设施候选场址地方公投之研究期末报告》，原能会物管局委托研究计划，2009。

② Kasperson, R. Golding, D and Kasperson J., "Risk, Trust, and Democratic Theory", in G. Cvetkovich and R. Löfstedt, eds., *Social Trust and the Management of Risk* (London: Earthscan, 1999).

技所带来的冲击与后果面，而且在已有既定方案后，讨论如何成功推动这项决策及应该延伸到决策早期与前端（Front-end）的问题（如决策框架在何处形成、决策的大方向）。

　　未来有必要促进参与式科技评估制度化，这将有助于推进台湾民主化，参与者可以在这过程中学习相关知识与多元价值观点并可以提供决策者或专家另一种对于问题性质的看法，进而反思对既有问题的基本预设，有助于带来更周延的决策。若个人或社群有更多参与机会转变为积极的公民，则可能带来政府机构与社会结构的转变。政府有必要提供创新的审议机制并创造多元的持续学习机会与途径，深化公民意识并促进环境公民身份的实践。

B.7
马克思主义大众化
传播的科学家路径

冯宋彻　冯宁宁*

摘　要：

任何一个科学工作者要取得成就，就必须从实际出发，按照世界的本来面目认识世界。科学家要通过自然科学研究的对象、内容和自然科学发展史传播辩证唯物主义；杰出科学家的感人事迹生动地向大众传播着社会主义核心价值观、增强大众热爱祖国的崇高感情；自然科学家与哲学家要结成联盟，传播马克思主义，有效推进马克思主义大众化传播。

关键词：

马克思主义大众化传播　科学家路径　自觉的唯物主义科学家

一　科学家一般自发地遵循
唯物主义或辩证法

马克思主义大众化传播有多种路径，科学家的传播路径是一

---

* 冯宋彻，中国传媒大学党委宣传部副部长，硕士研究生导师；冯宁宁，中国传媒大学硕士研究生。

条重要的有独特作用的路径。广义的科学家是专门从事科学研究的人，包括自然科学家和社会科学家两大类。从事科学研究的人达到一定水平或标准，或者取得某种成果或成绩，为经济社会发展做出某种程度的贡献，受到相关领域或公众的肯定，可称之为科学家。

狭义的科学家就是指自然科学家，凡能够称为科学家的均是在所在领域踏实肯干的人，比如英国物理学家牛顿、美籍科学家爱因斯坦和中国农学家袁隆平等。这些科学家钟情于自己的研究领域，并坚持不懈，直至取得令人瞩目的成果。本文所指的科学家是自然科学家。

哲学和自然科学知识是辩证统一的，其统一性在于它们都是研究不以我们的意识为转移的统一的客观世界，这是自然科学和哲学出发点的统一性和共同性。任何一个科学工作者要取得一些成就，最基础的条件是从实际出发按照世界的本来面目去认识世界，应符合辩证唯物主义的观点。这就可以理解为什么有不少自然科学工作者，虽然他们在世界观和方法论上说是唯心主义、形而上学的，但他们仍取得了一定的成就。这其中的原因是他们取得成就的部分是自发地遵循唯物主义或辩证法，即使他们矢口否认这一点，但事实是不可否认的，如果他们不从实际出发是不会取得任何成就的。

任何科学家，总是在一定的世界观和方法论的支配下进行工作，不同的世界观和方法论对科学家有着重要的影响。辩证唯物主义是唯一正确的世界观，它能帮助科学家认识自然的本质，避免在认识过程中走入歧途，浪费不必要的精力和时间。在唯心主义形而上学世界观的支配下，自然科学家依靠自发的唯物主义虽然也能做出重大的科学贡献，但容易走不必要的弯路，甚至陷入不可知论、形而上学和唯心主义，从而阻碍他们取得更大的成功，会走更多弯

路,特别在对成果做高度的哲学概括时,容易得到唯心主义的结论。在科学史上,这方面的史料是很多的,近代形而上学唯物主义的物质观的形成就是生动的事例。

19 世纪末至 20 世纪初,X 射线、电子和放射现象等物理学的新发现宣告了把原子看作是构成万物的、不可再分的"原初物质"思想的破产。一些受形而上学思想束缚的自然科学家惊恐万状,唯心主义者乘机喧嚷"物质消灭了"。

针对这种情况,恩格斯提出了新原子论的基本思想,表明分子、原子等具体的物质形态不过是物质无限发展序列中的一个阶段、层次、关节点。在这个关节点上,具体的物质具有自己的质的确定性。超出了这个关节点,一种具体的物质形态就转化为另一种物质形态,由此构成了物质的无限层次结构。根本不存在某种万物都由它构成,都统一于它的"原初物质"。这就是辩证唯物主义物质无限可分性原理的基本内容。在新的条件下,列宁深刻地总结了自然科学的新成就,科学地规定了哲学的物质范畴,重申了辩证唯物主义的物质无限可分性原理。20 世纪物理学的发展,证明了列宁思想的正确性。

形而上学物理学家们在碰壁两次之后,并没有彻底放弃寻找自然界的"原初物质"的奢望。在原子核被破坏之后,他们又把比原子核小的微观粒子称为基本粒子。正当人们沉浸在这种似乎为最终胜利的喜悦之中的时候,毛泽东则在 20 世纪 50 年代和 60 年代多次谈了物质的无限可分性问题。

毛泽东很欣赏日本物理学家坂田昌一的文章——《基本粒子的新概念》。他称坂田昌一是"辩证唯物主义者",还引用《庄子·天下篇》里的"一尺之棰,日取其半,万世不竭"的说法,来阐述基本粒子并不是最后的不可分的观点。由于毛泽东对坂田昌一文章的重视,该文的中文编译者组织人做了一批注释，并替《红旗》编辑部起草了按语，将译文、注释一起在《红旗》杂志 1965 年第 6 期发表。在中国共产党中央理论刊物上发表一篇外国物理学家的自然科学论文是从来没有的。《红旗》杂志上的这篇按语，是根据毛泽东几次谈话精神写的，许多是毛泽东的原话，说明了毛泽东为什么重视坂田昌一的这篇文章。

毛泽东强调的"基本粒子"可分的思想，来自物理学家，反过来又影响这批物理学家去认真探索"基本粒子"以下层次的粒子。20 世纪 60 年代，美国物理学家默里·盖尔曼和 G. 茨威格各自独立提出了中子、质子这一类强子是由更基本的单元——夸克组成的，根据毛泽东的思想，中国物理学界称其为"层子"。

自然科学家在日常生活或实际科研工作中依据的条件和方法，自发地产生的唯物主义观点，相信物质世界不依赖任何人的意识而客观地存在着，客观上向大众表明了唯物主义的正确，传播了唯物主义，这是科学家对马克思主义大众化传播的前提。但这种观点并没有上升到系统的理论高度，因而还不是科学的唯物主义。其特点是缺乏理论的完整性和系统性，往往不能把唯物主义观点贯彻到底。所以科学家要在马克思主义大众化传播中真正发挥作用，科学家就要从自发的唯物主义者上升到自觉的唯物主义者。

二 自觉的唯物主义科学家对马克思主义大众化传播提供了正能量

马克思主义认为哲学对自然科学具有指导作用，恩格斯把哲学对自然科学的"指导"作用称为"支配"作用。

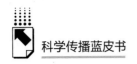

科学传播蓝皮书

（一）爱因斯坦为当代社会主义的传播与实践带来了积极影响

先以爱因斯坦为例，看其对社会主义传播的作用，尽管他还不是列宁所说的自觉的唯物主义科学家。爱因斯坦狭义相对论的建立，再一次说明唯物主义方法论对科学家研究的重要性。洛伦兹在1904年发表了一篇题为《速度小于光速运动系统中的电磁现象》，爱因斯坦在1905年发表了一篇题为《论运动物体的电动力学》。洛伦兹得出的两个惯性系间的洛伦兹变换和爱因斯坦的结论相同，因为洛伦兹得出这个结论较早，所以称之为洛伦兹变换，他离狭义相对论很近。但是他与爱因斯坦对这两个惯性系的解释不同，洛伦兹相信牛顿的看法，认为存在一个绝对空间。若是采用洛伦兹的解释，许多实际的问题都不能解决。而爱因斯坦并不考虑牛顿的绝对空间，直接考虑两个惯性系间的关系，得出的变换和洛伦兹变换相同。他们虽然得出的结论相同，但是洛伦兹对此变换的解释是错误的，两人各自的前提和结果正好相反，针对同一个实验居然得出如此决然不同的结果，令人深思！洛伦兹与诺贝尔物理学奖擦肩而过，1914年洛伦兹不仅接受了狭义相对论还专门写了一本名叫《相对性原理》的小册子。

爱因斯坦创立"相对论"，推倒了主导西方科学二百余年的牛顿古典力学，物理学自此开启了新的纪元。爱因斯坦自青少年时期始，就是一个坚定的社会主义者。其在1949年为美国著名的马克思主义刊物《每月评论》（*Monthly Review*）的创刊写了《为什么要社会主义？》一文。文中论述了他主张社会主义的理由，后收入1950年出版的晚年文集：*Out of My Later Years*。作为曾经做出划时代贡献的自然科学巨匠，爱因斯坦为什么会对社会主义产生浓厚的兴趣呢？原因之一在于他自觉地认识到哲学为科学研究提供了方法论和认识论的指导，没有正确的方法论与认识论的指导，科学研究将是盲目的，甚至走上迷途。爱因斯坦说："哲学可以被认为是全部科学之母"。他对社会主义的理解有他自身的特点，凭借他自身的声望及对民众巨大的影响力，借助媒体对当代社会主义的传播与实践产生积极意义。

（二）钱学森做到科学与哲学的辩证统一，影响教育了科学工作者和人民大众

爱因斯坦是位对人类进步事业负有责任感的伟大科学家，但还不是列宁所说的"以马克思为代表的唯物主义的自觉拥护者"，"一个辩证唯物主义者"。列宁说的这样的科学家，在我国以钱学森为突出代表的老一辈科学家中不乏其人。邓小平 1992 年 1 月在南方视察时提到，"大家要记住那个年代，钱学森、李四光、钱三强那一批老科学家，在那么困难的条件下，把'两弹一星'和好多高科技搞起来。"

钱学森（1911 年 12 月 11 日至 2009 年 10 月 31 日）是享誉海内外的杰出科学家，中国航天事业的奠基人，中国"两弹一星"功勋奖章获得者。曾任美国麻省理工学院和加州理工学院教授及中国人民政治协商会议第六、七、八届全国委员会副主席、中国科学技术协会名誉主席。

钱学森早年在美国主要从事应用力学研究，是一位纯自然科学家，自然科学必须以实践为基础，并最终指导工程实践。他运用自己扎实的理论根基，通过数学运算，解决工程难题，由此做到了理论与工程密切结合，成为卓越的技术类科学家。钱学森热爱党和国家，他努力学习马列主义、毛泽东思想，认真阅读了许多马列原著以及毛泽东的《实践论》、《矛盾论》，这些著作使他坚信，科学研究一定要用马克思主义哲学做指导。在改革开放以后，他努力学习社会科学，尤其是哲学。钱学森是自然科学家，并且坚信马克思主义哲学——

辩证唯物主义和历史唯物主义。他做到了科学与哲学的辩证统一，通过在自身科研领域的工作和实践，影响教育了众多的科技工作者及人民大众，传播了马克思主义辩证唯物主义的世界观和方法论。

（三）李四光脚踏实地工作树立了坚持真理与唯物主义观的榜样

中国著名地质学家——李四光毕业于英国伯明翰大学，获博士学位，首创地质力学，是"中央研究院院士"、中国科学院院士。1932年任"中央大学"（1949年更名南京大学）代理校长，又任重庆大学教授。为中国甩掉"贫油"帽子，创立地质力学理论和中国"两弹"的研发做出了重大贡献，他的著名事迹也被翻拍为电影。

李四光年少到日本留学，参与革命，并得到孙中山先生的赞许；1910年，他学成回国，被委以重任。随后，又到英国伯明翰大学学习，并奔赴莫斯科进一步深造。李四光于20世纪20年代担任过北京大学、"中央研究院"、中国地质学会的教授和领导，先后数次赴欧美讲学、参加学术会议，并且考察地质构造。1949年，他在英国时被邀请回国担任政协委员。1950年5月，他终于到达北京，重新开始事业，先后担任了地质部部长、中国科学院副院长、全国科联主席、全国政协副主席等职务。在李四光的带领下，我国地质工作获得了巨大的成就。1958年，加入中国共产党。1964年，周总理在第三届全国人民代表大会的《政府工作报告》肯定了李四光的工作。

三 自觉的唯物主义科学家是马克思主义大众化传播的又一路径

科学家对马克思主义大众化传播的作用和一个职业的马克思主义学者或理论家的作用是不同的。马克思主义学者或理论家的任务在于宣传马克思主义，并在新的历史条件下进一步丰富和发展。科学家作为一个自然科学工作者，没有精力和条件来思考复杂的理论问题，他们都是全身心地投入科学事业中，他们突出的科学成就和对祖国、人民乃至人类进步事业的伟大贡献及影响已远远超出和超越他们的研究领域。钱三强说，科学不是为了个人荣誉，不是为了私利，而是为人类谋幸福。他们自身的优秀品质和伟大人格，成为人民大众心中的偶像和楷模，教育、感染着亿万群众，成为追求认识真理的科学精神的符号，由此在马克思主义大众化传播中起到了独特的作用，是马克思主义大众化传播的又一路径。

（一）科学家通过自然科学的研究对象、研究内容和发展史传播辩证唯物主义

马克思主义哲学的基础是自然科学。通过自然科学的学习及普及，为人们形成唯物主义的认识论打下基础，从而帮助人们逐步建立辩证唯物主义观点。2013 年 6 月 24 日在北京航天飞行测控中心，中共中央总书记习近平与正在天宫一号执行任务的航天员进行了通话。习近平表示，"飞天梦"是"强国梦"的重要组成部分，并说"前几天，你们为全国的中小学生举行了太空授课，很有意义，据我了解，有 8 万所学校、6000 万名学生参加了这次授课活动。这对于他们培养崇尚科学、探索太空奥秘的兴趣，会起到很好的作用。"此事件再次表明了科学家从事的科技活动对普及科学知识，传播辩证唯物主义的作用。

（二）杰出科学家的感人事迹生动地向大众传播着社会主义核心价值观、增强热爱祖国的崇高感情

以钱学森、李四光、钱三强为代表的为新中国科学事业做出杰出贡献的科学家群体，都是追求真理、探索知识、推动社会进步的

科技伟人，他们孜孜不倦探索一生，弘扬了中华民族忠孝仁义信礼智勇的优良传统，蕴含了可贵的爱国主义情操与英雄气概。这些伟大的科学家是中国人民的骄傲，他们的爱国情绪、拼搏精神、智慧之光，永远昭示、激励国人。

1999年，江泽民同志在表彰为研制"两弹一星"做出突出贡献的科技专家大会上讲话指出：伟大的事业，产生伟大的精神。"两弹一星"精神，是中国人民在20世纪为中华民族创造的新的宝贵精神财富。"两弹一星"精神集中体现了科学家在社会主义核心价值观传播中的作用。

2013年7月26日，习近平会见神舟十号载人飞行任务航天员和参研参试人员代表的讲话中指出，在这一发展进程中，我们取得了连战连捷的辉煌战绩，使我国空间技术发展跨入了国际先进行列。我们培养造就了一支特别能吃苦、特别能战斗、特别能攻关、特别能奉献的高素质人才队伍，培育铸就了伟大的载人航天精神。

（三）科学家高尚品德的传播提升社会道德水准

科学的价值在于追求真理、造福人类，最终推动社会进步和经济发展。科学技术在促进人们思维方式进步的同时，也促进人的道德观念和文明的进步。与此同时，社会道德也会对科学技术的发展产生重要的影响。

爱因斯坦有关科学伦理学的思想是很丰富的，他不仅是一个伟大的物理学家和富有哲学探索精神，具有强烈社会责任感的思想家，还是一位杰出的科学伦理学家。爱因斯坦曾说过"第一流人物对于时代和历史进程的意义，在其道德品质方面，也许比单纯的才智成就方面还要大，即使是后者，他们取决于前者的程度，也往往超过人们所认为的那样。"科学家是影响社会精神的一支重要力量，是净化社会的一个重要方面。他们的职责不仅仅是提供科学成果，更重要的是提供科学精神、科学思想和科学知识，给社会以影响，提升社会道德水准和国民素质。

科学技术活动是整个社会活动的重要组成部分，因此，科学家在从事科学技术活动中的道德观念与道德行为是整个社会道德观念和行为规范的重要部分。同时，科学家的道德观念与道德行为又会对社会道德观念和行为规范产生重要的影响。

就科学家道德观念的形成而言，他们的道德观念受到了普遍的社会道德影响，同时，也是在他们从事科学技术活动中逐渐形成的。科学技术活动是一项探索真理的艰苦的活动，需要科学家、科技人员具有坚韧不拔、百折不挠、不畏艰险、锐意进取的坚强意志，追求真理、无私奉献的高尚品德，崇尚实践、作风严谨、敢于创新、勤于思考的科学态度，忘我勤奋、勇于进取的精神，批判怀疑、唯物辩证地思维方式，诚实宽容、严于律己的品质以及待人谦和、平易热忱的情怀等。与此同时，科学技术活动还是科学家的共同活动，需要科学家群体遵守共同的科技道德规范，形成遵守纪律、团结协作的作风；科学家所表现的道德品质内容是很丰富的，正是在这样的科学技术活动中，科学家形成了自己的道德观念，而这种观念正是整个社会道德观念的重要组成部分。

老一辈科学家们不平凡的科学人生，除了前面提到的表现在科学家身上所具有的共性的品质外，还突出展现了新中国科学家们心系祖国、全心全意为人民服务的高贵品格。他们的专业成就虽对世界帮助很大，但仍有许多是普通人所感觉不到的，且他们的道德品质、他们的意志等精神层面的东西对于人们的帮助和鼓舞的用处是远大于他们所取得的专业成就。为世界做出贡献的人物的才智令人敬佩，然而他们为人民做出的贡献比个人成就还要大。

当代科学家要在马克思主义大众化传播中发挥积极作用，就要像我国老一代科技工作者那样，成为自觉的唯物主义科学家。2013

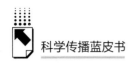

年7月17日，中共中央总书记、国家主席、中央军委主席习近平
到中国科学院考察工作时强调："具有强烈的爱国情怀，是对我国
科技人员第一位的要求。科学没有国界，科学家有祖国。广大科技
人员要牢固树立创新科技、服务国家、造福人民的思想，把科技成
果应用在实现国家现代化的伟大事业中，把人生理想融入为实现中
华民族伟大复兴的中国梦的奋斗中。"

　　科学家作为整个社会中的特殊群体，他们的道德观念和道德行
为会对整个社会的道德观念和行为规范产生重要影响。科学家对社
会做出了重大的贡献，是社会的精英，他们巨大的感召力和影响力，
使得他们的观念和行为能对社会其他成员产生重大的影响，从而使
整个社会的道德观念和行为规范发生变化，促使道德水准的提高。

（四）自然科学家与哲学家结成联盟，形成马克思主义大众化传播的相辅相成格局

　　马克思和恩格斯的很多著作中论述了哲学与自然科学的内在联
系，为哲学家与自然科学家的联盟问题奠定了理论基础。科技通过
文化渗透产生的积极长远的社会效应，是由科学家的人格体现出来
的，科学技术树立的那种追求真理的文化品质以及它带动起来的民
众崇尚科学的精神氛围，代表了人类的共同利益，超越了经济的局
限性，并不断为经济的持续发展开拓更为广阔的空间。科学家遵循
的实事求是的原则，坚持实践标准，为人类造福的宗旨及向往真理、
无私奉献的崇高品格，都与马克思主义世界观和方法论相符契合，
在马克思主义大众化传播中发挥着特有的作用，是马克思主义大众
化传播的又一路径。在马克思主义大众化传播中，应该如列宁所说，
哲学家与自然科学家结成联盟，科学家路径和与理论家学者路径紧
密结合，形成相辅相成的格局，有效地推进马克思主义大众化传播。

B.8
中国国家形象的国际传播：
历史变迁轨迹、传播过程
模式及公共外交效用

檀有志*

摘　要：

本文结合拉斯韦尔传播过程模式，从信源、信息、媒介、受众及效果五个方面对中国国家形象宣传片的公共外交效用进行较为系统客观的评析。并在此基础上，从主体、客体、内容、形式、体系等几个层面着手积极建构未来中国的国家形象。

关键词：

国家形象　国际传播　公共外交　国家形象宣传片

　　国家形象是一个主权国家的政治、经济、文化、社会、军事等诸多方面投射给外国公众的整体印象与总体评价，也是一国综合实力，尤其是软实力的重要内容和集中体现。良好的国家形象宛如国际交往中一张信息量极大、辨识度极高的"无形名片"，对一国的国家利益拓展有着不小的促动效用。对这种现象，究其原

＊　檀有志，对外经济贸易大学国际关系学院国际政治经济学系主任兼外交学系主任，法学博士，副教授。

因，主要在于国家形象兼具以下三大功能，即政治功能、经济功能和文化功能①。因此，国家形象的维护与国际传播已经占据了各国公共事务的重要地位。

2011年1月17日，《中国国家形象宣传片——人物篇》在有"世界十字路口"之称的美国纽约时报广场的大型电子显示屏上出现，成为这一空间的亮丽景色。这段宣传片的开头以一抹亮丽的"中国红"为主色调，以白色书写中英文"中国 China"，显示屏的侧面还有"感受中国"的英文字样，以一组组群像的形式展示了华人精英，如邰丽华、谭盾、刘欢、邓亚萍、姚明、丁俊晖、袁隆平、杨利伟、丘成桐、吴敬琏、李彦宏、马云等，以"美丽、勇敢、才能、智慧、财富"等关键词诠释了我国的国家形象，被视为中国在国际舞台上塑造良好国家形象的重要国家公关举措。

一 中国国家形象的历史变迁轨迹

抚今追昔，中国自13世纪始在西方人眼中是一个十分神秘而又相当富庶的东方古国，至17世纪末18世纪初更是被视为一个经济发达、政治开明、文化繁荣的文明国度，我们的技术和工艺成果令全世界都刮目相看；然而步入近代之后，中国国家形象在西方列强坚船利炮之下发生了大逆转，受尽欺压凌辱的中国在西方人眼中俨然是一个"野蛮的"、"未开化的"社会。新中国成立之后，党和国家的几代领导集体均高度重视国家形象的塑造，中国国家形象经历了一个不断地"认识、构建、推广、维护与调整"的过程。② 改革开放

---

① 刘丽：《德国对外传播中的国家现象塑造——以对外杂志〈德国〉为例》，《德国研究》2011年第1期。

② 金正昆、徐庆超：《国家形象的塑造：中国外交新课题》，《中国人民大学学报》2010年第2期。

30 多年以来，我国综合国力上升较快，经济社会发展迅速，我国以新的面貌引起国际社会的广泛关注。不过，人们对中国 60 多年来的国家形象演变的说法不一，其中一个说法是，中国"经过了挨打的阶段、挨饿的阶段，现在进入了挨骂的阶段"①。

经过多年各方面的不懈努力，中国在国际舆论场中的国家形象已经取得历史性的突破和改善，不过当前仍面临着巨大挑战、潜伏着严重危机，这主要表现在相互关联的内外两个方面：一方面，中国自身创设话语体系与掌控国际话语权的能力有待进一步提高；另一方面，其他一些国家和某些群体对中国国家形象出现无意误读，甚至有意歪曲。

从内部看，尽管近些年来中国经济发展迅猛、综合国力明显增强、国际影响力日趋扩大，但西方在国际话语权上仍然占据主导地位，中国在国际信息传播格局中仍处于明显的劣势地位。信息流动往往由中心向边缘方向扩散，所以信息一般从发达国家到发展中国家流动。中国的话语创设能力与国际话语权竞争力都相对较弱，这影响了我国国家形象的进一步提升和在国际社会上的地位。因此，中国若想塑造和提升国家形象，必须重视文化的国际传播，使汉语言渗透到国际社会，而不能一味"孤芳自赏"，要争取获得国际认可，并能将汉语言发扬光大。若解决不好国内国际话语兼容问题，会直接造成"在国际舆论竞技场上中国受到压抑，有口难辩、无处说理"②。

从国外社会来看，一些与中国的价值观念、社会制度和措施不同的内容使某些群体对中国产生了误读或歪曲理解。自改革开放中国迈上发展快车道伊始，从涉及中国的舆论来看，国外人士一般能

---

① 张雄、郑文等：《解码中国形象》，《南都周刊》2011 年第 7 期。
② 裴援平：《中国的和平发展与公共外交》，《国际问题研究》2010 年第 6 期。

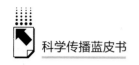
够认可我国在经济方面取得的成果，对中国在认知上逐渐趋于客观和理性，但对我国综合国力的持续走强表示担忧和疑虑。① 冷战结束以来，以美国为首的西方社会不断"炮制创新"有关我国国家形象的语言，如"中国军事威胁论"、"中国经济威胁论"、"中国政治威胁论"、"中国资源能源威胁论"、"中国生态环境威胁论"、"中国软实力威胁论"、"中国责任论"等。在"中国威胁论"之外，又时有某些西方机构、个人抛出"中国崩溃论"、"中国责任论"、"中国强硬论"、"中国傲慢论"等论调。一部分发达国家的主流媒体则延续其有色眼镜的"思维定式"，推波助澜地利用其占"主流"地位的宣传载体对中国实行"软约束"，恶意破坏我国的国家形象。诸如此类的无意误读以及有意歪曲，时常使中国陷入仓促应对、极力反驳、疲于澄清的困境漩涡之中。

这内外两个方面的因素铸就的"思维定式"既影响了国际社会对于中国国家形象的认知，也在某种意义上影响着当代中国的国家形象构建。正是在这些历史大背景下，我国在国际平台上放映国家形象的宣传材料，是中国国际传播技术层面上的尝试和公共外交理念层面上的践行。这是一个很重要的开始，它开拓了中国形象科学传播的新的有效途径。

二 中国国家形象宣传片的传播过程模式

1948 年，美国著名传播学家哈罗德·拉斯韦尔（Harold D. Lasswell）经过深入研究，在其《传播在社会中的结构与功能》一文中第一次提出了"传播过程"概念，指出传播过程包括五大基本构成要素，这五大要素是按一定的内在秩序而存在的，即谁

---

① 崔天凯:《公共外交与国家形象塑造》,《国际公关》2011 年第 4 期。

（Who），说什么（Says what），采用什么渠道（In which channel），对谁说（To whom），效果如何（With what effect）。[1]这就是传播学中相当知名的"拉斯韦尔程式"，也常被称为"5W"模式。拉斯韦尔传播过程模式包括信源、信息、媒介、受众和效果五个环节（见图1），它比较完整地描述了人们习以为常却又说不清的传播过程，明确了传播学控制研究、内容分析、媒介研究、受众研究和效果研究五个基本内容，为当代传播学研究指明了前行的航向。

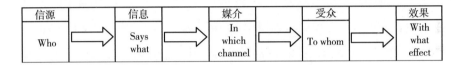

图1　拉斯韦尔传播过程模式

以拉斯韦尔传播过程模式为依据，能够简明地勾勒出中国国家形象宣传片的传播过程模式（见图2）。

图2　中国国家形象宣传片的传播过程模式*

＊檀有志：《公共外交中的国家形象建构——以中国国家形象宣传片为例》，《现代国际关系》2012年第3期。

从信源方面来看，中华人民共和国国务院新闻办公室的主要职责是推动中国媒体向世界说明中国，包括介绍中国的内外方针政策、经济社会发展情况以及中国的历史和中国科技、教育、文化等

---

[1] Harold D. Lasswell, "The Structure and Function of Communication in Society," in Lyman Bryson, ed., *The Communication of Ideas* (New York: The Institute for Religious and Social Studies, 1948).

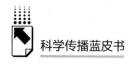

发展情况，意在促进中国与世界各国之间的沟通了解与合作互信。因此，这一信源具有其严肃性和合法性，中国国家形象宣传片从创作到展播的整个过程中，国务院新闻办公室占有非常重要的地位，这较为明显地体现出中国政府已经在主动践行国家公关理念、有意识地夺取国际话语权。

从展现的信息方面来讲，国家形象宣传片信息量大，由精心设计的镜头构成，从多个不同的角度体现出中国文化的魅力和历史文明。中国国家形象宣传片包括《人物篇》和《角度篇》。前者在纽约时报广场的电子屏上滚动播放，而后者则主要是供中国驻外使领馆及各种重要外宣活动时使用。《人物篇》展现的是中国人，以人物烘托国家发展；《角度篇》主要展示的是我国发展的复杂性。[①] 中国国家形象宣传片选择了黄永玉、袁隆平、姚明、谭盾等这些兼具较高国内辨识度与较大国际知名度的"中国脸谱"，承载的海量信息力求最大限度地传递出中国活力四射的外在形象与守望和谐的内在精神，其最主要的意图始终如一——旨在塑造和提升中国繁荣发展、民主进步、文明开放、和平和谐的国家形象。

从媒介方面来看，中国国家形象宣传片采用了多样化的多媒体技术，并通过纽约时报广场的超大电子屏幕上映的方式与国外公众进行零距离的接触。传播媒介对于国家形象的塑造起着不容小觑的特殊作用，那些在世界范围内具有很高知名度和较强影响力的国际主流媒体在很大程度上操控着国际话语权，其作为传播的中介在某种意义上几乎充当了国家形象判定者的角色。借助于纽约时报广场这一受众面极广、扩散性极强的优质平台，来"刊播中国国家形象广告，充分发挥其传播优势，从而使其成为传播中国声音的重要

---

① 周庆安：《国家形象宣传片的历史规律与现实挑战》，《对外传播》2011 年第 3 期。

路径选择"。①

从受众方面来看，中国国家形象宣传片在纽约时报广场上的目标受众并非某个特定族群，而是最宽泛意义上的外国公众。依据传播学的一般规律，我们得出：受众对于某一事物了解的程度愈深，就愈容易从态度上认可它；反之，就愈容易扭曲事实，产生不良影响。因此，必须增加受众了解中国的信息量，使其充分高效地了解中国，才能使其对中国的态度趋于理性和客观。②

从效果方面来看，中国利用国际宣传平台播放中国国家形象的宣传片，是一次开拓性的主动进行国际传播的行动，采用在纽约时报广场的电子屏上每天数百次的连续放映中国声音，采用重复的信息使国际友人对于中国形象增加印象，使得国外人群积极正面的对中国形象进行评价，形成了友善客观的舆论氛围。

一般而言，中国国家形象宣传片的完整传播过程包括上述几个方面，而其国际传播最终能在多大程度上发挥出预期的公共外交效用则实际取决于各个环节上所共同形成的合力。

三 中国国家形象国际传播的公共外交效用

尽管"公共外交"近年来日益成为引发各国学界政界高度关注、见诸国际国内刊头报端的热门话题，然而从学科发展来看，公共外交目前尚是一个比较"年轻"的概念，还谈不上有一个非常严谨的学科边界，诚如社会学者伯纳德·罗西科（Bernard Roshco）曾有感而发："公共外交仿佛就是盲人们所触摸的那头大象，而他们试图怎样去感知描述这一庞然大物往往不过是仰赖各自所触摸到

---

① 莫凡：《作为国家战略的国家形象广告——解读商务部〈中国制造，世界合作〉国家形象广告》，《新闻界》2010 年第 2 期。

② 程曼丽：《国际传播学教程》，北京大学出版社，2006，第 193 页。

的那一小部分"。① 不过随着全球化进程的纵深发展与信息技术的突飞猛进，以往那种以政府间外交为主导的传统外交模式不再能充分满足新形势的发展所需，公共外交这一外交新理念的能动效用日益受到人们的高度关注和广泛认同早已成为一个不争的事实。

美国前国务卿兹比格纽·布热津斯基（Zbigniew Brzezinski）在考察古罗马帝国和大英帝国取胜的原因时曾指出，"当文化优越感成功地得到维护和悄悄地被认可之后，它具有减少依赖巨大军事力量来保持帝国中心的力量的必要性的效果"。② 软实力观点被广泛认可，公共外交是一条提升软实力并使其发挥积极作用的捷径。"如果一国能使它的权力在别人眼中是合法的，它的愿望就较少遇到抵抗；……如果一个国家能够支持一个国际制度，其他国家均愿意通过这个体制来协调他们的活动，它就没有必要使用代价高昂的硬权力"。③ 在国际传播同一进程中，施动国凭借公共外交这一件利器，不仅可以向受动国公众充分展示其国家实力中"硬"的一面，而且可以使受动国的精英阶层、普通大众于潜移默化中了解、理解乃至接受其社会文化价值观念等"软"的一面。

由是观之，中国国家形象宣传片的适时推出，恰是中国政府积极践行公共外交理念的一次有益尝试，欲图通过这一"内心强大、身段柔软"的公共外交壮举以更为灵动巧妙地增进中国在国际舞台上的知名度、美誉度和认同度，特别是提升日趋凸显其重要性的国际话语权。

自改革开放以来中国的软硬实力不断壮大，争取外国公众对于

① Quoted in Richard F. Staar, ed., *Public Diplomacy: USA versus USSR* (Stanford, Calif.: Hoover institution Press, Stanford University, 1986), p. 233.

② 〔美〕兹比格纽·布热津斯基：《大棋局：美国的首要地位及其地缘战略》，中国国际问题研究所译，上海人民出版社，1998，第29页。

③ 王沪宁：《文化扩张与文化主权：对主权观念的挑战》，载王缉思主编《文明与国际政治》，上海人民出版社，1995，第356页。

综合国力日趋走强后的中国的理解、信任乃至认同、支持，已是摆在当今中国外交面前的一大重要课题；型塑一个外国公众易于理解、敢于接受、乐于推介的中国国家形象，成为目前中国外交的重点。在新时期这个外交公关的形势下，中国政府决策层为未来外交工作确定好开拓方向，不能"走偏"，国家形象构建上升为中国外交必须高度关注的重大课题。① 中国通过在国际传播媒介上投放精心打造的国家形象宣传片，正是要激活其蕴藏的公共外交能动效用，使国际社会树立起一个客观全面的"中国观"，让外国公众更深入地了解并理解中国的历史文化、发展道路、治国理念、内外政策，尽快塑造一个自信、务实、开放、负责的大国形象，进而切实增强中国的国际话语权，最终更好地维护和拓展中国的国家利益。

此外，过往国内外时有一些国际传播及公共外交研究者批评指出中国呈现给外国公众的国家形象更多是"古代中国"而非"现代中国"，给人以"躺在文明古国的历史辉煌中睡大觉"之失落感。客观来说，这些批评的声音也并非全是"空穴来风式"的无端指责和蓄意抹黑，仅从2008年让外国人惊羡、让中国人骄傲的北京夏季奥运会盛大开幕式上的古代元素与现代元素的悬殊比例即可管窥一斑。在此次由国新办牵头打造的中国国家形象宣传片中，素来象征着中国古代文明的书法、丝绸、武术均不见踪迹，而着力表现的恰是"当代"——当代人物、当代风貌、当代精神。来自中国科技界、学术界、体育界、演艺界、金融界、企业界等领域的数十名精英人士，按一组组各具造型的群像闪现，有力地诠释了中国科技创新、文明开放、繁荣和谐的崭新国家形象。中国推出国家形象宣传片，借由公共外交路径向世界立体展示中国，可谓旧貌换

---

① "第十一次驻外使节会议召开，胡锦涛、温家宝讲话"，http：//www.gov.cn/ldhd/2009 – 07/20/content_ 1370171. htm。

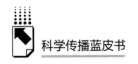

新颜，以不同的角度来对外传播"发展而能持续、多元而能共荣"的美丽中国。

毋庸讳言，中国国家形象的完备建构是一项牵涉面极广的系统工程，绝非以一朝一夕之功即可完成。它涉及的因素极为复杂，形式也可多样化，由于各种主客观条件的羁绊，中国国家形象宣传片的传播过程模式及其公共外交效用都还存有可进一步发掘提升的运作空间，然而不容低估更不容否认的是——中国国家形象宣传片无疑是国家公关时代中国主动探索如何塑造并维护良好国家形象的一次有益尝试和可喜进步。习近平同志在第十二届全国人大一次会议上满怀深情地指出，实现中华民族伟大复兴的"中国梦"就是要实现国家富强、民族振兴和人民幸福，这相互关联的三个层次实际上也为未来中国国家形象宣传片指明了努力的大方向。

科学传播：从普及科学到公众参与的挑战

贾鹤鹏　范敬群*

摘　要：

在探讨科学传播理论从"缺失模型"到公众参与科学这一民主化变迁的基础上，本文评述了中国近30年科学传播事业的发展，指出基于"缺失模型"的传统科普无法满足中国日益多元化的社会需求。文章进一步分析了近年来中国典型科学争议事件的微博传播过程后认为，科学不能因为其专业性而蔑视人民的关切，科学传播必须奠基于建设性对话及公众参与科学发展进程的基础上。但民主权力应体现为为科学发展制定目标，设定议程，分配科研资金，强制信息公开，不能取代科学的专业性原则。

关键词：

科学传播　缺失模型　科学争议　公众参与　社交媒体

一　科学传播模型的民主化演变

早在近代科学发轫之际，科学宗师们就认识到科学传播的重要

---

* 贾鹤鹏，美国康乃尔大学传播系在读博士，中国科学院《科学新闻》杂志原总编辑，主任编辑；范敬群，华中农业大学生物科学传媒中心主任。

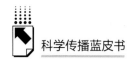
性。例如，培根就指出，知识的力量不仅取决于其自身的价值，更取决于它是否被传播以及被传播的深度与广度。

一般来说，科学传播的实践，经历了从缺失模型（Deficit Model）到公众理解科学模型到公众参与科学（Public Engagement of Science）的发展①。学者用不同的名称归纳了对科学传播模式的演变，如刘华杰将之归纳为中心广播型、缺失模型和民主模型②，但总体而言，大多数学者都同意科学传播模式的发展是从以科学界为中心的单向信息流动发展到以对话和民主参与为特征的民主形式。

在传统的缺失模型下，科学传播被等同于科普，即科学界面向公众的普及科学的行为，这一模式强调的是单向的信息流动，科学界和科学家往往被置于较高的地位。科学知识及其创造者高高在上，是科学知识权力的掌握者③。实际上，缺失模型更多是由其批评者总结出来的，多数科学家和科学传播工作者并不赞同这一模型是对其传播工作的概括④。

公众理解科学模型是对传统的缺失模型的延伸，重点强调公众除了要了解基本科学知识外，还需要理解和体味科学方法。相比于传统的科普，公众理解科学更多地强调公众是科学传播过程中的主体，但这一主体并不具有颠覆科学家权威性的地位，在公众理解科学模型下，始于公众一端的信息更多的是对科学的发问。

英国皇家学会 1985 年出版的《公众理解科学》手册对这种科学传播类型进行了全面总结⑤。Burns 等人进一步为公众理解科学

① Massimiano Bucchi, "Of Deficits, Deviations and Dialogues: Theories of Public Communication of Science." in Massimiano Bucchi, Brian Trench eds., *Handbook of Public Communication of Science and Technology* (London and New York: Routledge, 2008), pp. 57 – 76.
② 参见刘华杰《科学传播的三种模型与三个阶段》，《科普研究》2009 年第 2 期。
③ 引自吴国盛《科学走向传播》，《科学中国人》2004 年第 1 期。
④ 任福军、翟杰全：《科技传播与普及教程》，中国科学技术出版社，2012，第 41 页。
⑤ 英国皇家学会：《公众理解科学》，唐英英译，北京理工大学出版社，2004。

的模式给出了定义："使用恰当的方法、媒介、活动和对话来引发人们对科学的下述一种或多种反应——意识、愉悦、兴趣、形成观点以及理解。"①

在此基础上，学术界进一步发展出贯彻民主精神的公众参与科学模型，旨在强调科学传播是一系列提升公民参与科技政策的活动②。这种模型认为，在科学发展问题上，公众与科学家具有同等的资历参与决策，科学的发展需要通过与公民的对话来取得合法性③。这一模型强调一种外行也可以成为专家的模式（Layman Expert Model），并认为，科学（界）作为民主社会的一员，即便在科学问题上，并不比其他知识（人群）具有更高的发言权，因为科学问题总是关乎社会的④。

迄今为止，公众参与模型在科学传播理论界取得了最为广泛的共鸣。而这种共鸣正是基于西方社会近几十年来围绕着科学的争议不断涌现，转基因、核电、生殖医学、胚胎干细胞等敏感领域受到了公众普遍抵制的现状而形成的。在现实的压力和理论的推动下，西方社会发展出科学对话、科学听证会以及公民共识会议⑤等多种

① Burns, T. W., O'Connor, D. J., Stocklmayer, S. M.,《科学传播的一种当代定义》，李曦译，《科普研究》2007 年第 6 期。
② Brossard, Dominique; Lewenstein, Bruce V: "A Critical Appraisal of Models of Public Understanding of Science." in Kahlor, LeeAnn; Stout, Patricia A. eds.: *Communicating Science: New Agendas in Communication* (London and New York: Routledge, 2008), pp. 12 – 39.
③ Irwin, Alan: "Constructing the scientific citizen: Science and democracy in the biosciences", *Public Understanding of Science*1 (2001): 1 – 18.
④ Irwin, Alan and Wynne, Brian eds., *Misunderstanding science? The public reconstruction of science and technology* (Cambridge: Cambridge University Press, 1996).
⑤ 科学听证会指以科学为主题的公民听证会，由支持某科学项目的科学家（或反对某项目的其他机构）就某个议题在由公民代表组成的"陪审团"面前陈述，最终由陪审团做出裁决。公民共识会议起源和多见于科学争议议题，由对某一议题的正反方专家分别在公民代表前做出比较系统的陈述，最终由与会的公民代表根据自己的理解形成共识性决议。这两类活动的决议都没有法律效力，但会成为政治家决策的重要参考。

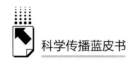

旨在以平等对话的方式将公众意见融入科学决策的形式。

值得一提的是，公民参与科学进程的活动也伴随着公众参与的民主治理模式的发展。在西方社会、特别是北欧和西欧国家，科学议题成为各种鼓励公众参与的活动的主题①。

然而，公众参与科学进展这一科学传播模式也并非没有受到挑战。一些科学传播实践者指出，过度集中于对话可能忽视把对话基于坚实证据之上。以转基因为例，抵制转基因的环保组织和公众要求科学界提供证据，证明转基因绝对无害，而科学界的主流则认为，现有证据可以证明经过批准的转基因作物不会比传统作物有更大的风险，而要求证明转基因绝对和永远无害的要求是不合理的，因为没有任何作物和食品可以被证明是永远无害的。

在理论层面，学者的研究也表明，尽管强调公众学习科学知识的缺失模型被普遍放弃，但知识仍然在公众对科学的态度中发挥了重要作用。但与传统的缺失模型不同，在公众了解科学的过程中，环境与情景发挥了重要作用②。

科学传播的实践者和部分学者对公众参与模型的反思，部分上是由于科学传播的民主性的发展，已经对科学传播的专业性造成了很大的冲击。在强大的对话压力和媒体质询下，科学界在一些争议问题上坚守科学自身的专业性原则——依赖可观测证据、同行评议、可观察、可重复实验等——已经变得越来越困难。很多经过严谨科学论证的结论，在激烈对话中显得声

① Nielsen, Annika Porsborg., Lassen, Jesper. and Sandøe, Peter, "Public Participation: Democratic Ideal or Pragmatic Tool? The Cases of GM Foods and Functional Foods", *Public Understanding of Science* 18 (2009): 163 – 178.

② Sturgis, Patrick. and Allum, Nick, "Science in Society: Re-evaluating the Deficit Model of Public Attitudes", *Public Understanding of Science*1 (2004): 55 – 74.

音微弱。

在中国，一方面，近年来不断爆发的围绕着与科学议题相关的各种争议，包括转基因、核电发展、水电建设、垃圾焚烧、疫苗接种、PX 化工厂建设等，也在实质上体现了科学传播的民主属性。另一方面，中国以官方机构为主的科学传播体制，仍然以对公众传授科学知识、进行科学教育的形式为主，鲜有参与到各种科学争议的对话中，微博时代汹涌而碎片化的网络舆论更是让科学家和很多科学传播者对互动对话望而却步。

二　中国科学传播事业的发展及模式

改革开放的 30 多年来，中国的科技普及工作取得了长足进步，已经成为构建创新型国家的重要组成环节。

2002 年，中国颁布了世界上第一部《科学技术普及法》（以下简称《科普法》），2006 年，国务院又发布了《全民科学素质行动计划纲要》（以下简称《纲要》）。《科普法》和《纲要》的发布，为中国的科学传播事业提供了纲领性指导和政策性支持[①]。中国的科学传播经费也在逐年增加（见图 1）。这些工作共同构建了中国的国家科普系统。

在国家的重视和政策支持下，在 20 世纪 80 年代和 90 年代上半期，以及自 2006 年开始的第十一个五年计划期间，中国的科学传播工作取得了相当成效。据粗略统计，1979～1988 年，全国大约出版了 2 万多种科普图书[②]。2006～2010 年，中国的科技馆数量从 250 家增加到 582 家，其中"十一五"期间新建并开放了 155

---

① Chen, Fajun. , Shi, Yumin. and Xu, Fei, "An analysis of the Public Scientific Literacy study in China," *Public Understanding of Science* 1 (2009): 607 –616.

② 章道义：《中国科普：一个世纪的简要回顾》，《科技日报》2001 年 3 月 23 日。

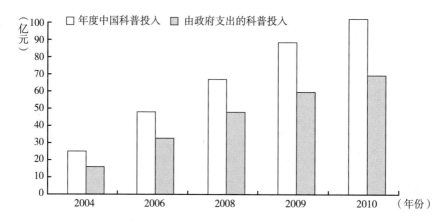

图1　近年来中国的科普经费

资料来源：《中国科技统计》（科技部，2009；2011）。

座，建馆数和增幅均位居世界第一①。

在长期努力下，中国居民的科学素质有了显著提高。中国具备基本科学素养的公民比例从 2001 年的 1.4% 提升到 2005 年的 1.6%、2010 年的 3.27%（见表 1）。尽管这一比例仍比欧美发达国家低，但纵向比较已经可以看出中国巨大的进步。目前中国公民科学素养水平相当于日本（1991 年为 3%）、加拿大（1989 年为 4%）和欧盟（1992 年为 5%）等主要发达国家 20 世纪 80 年代末、90 年代初的水平②，但与美国（2000 年为 17%）仍然存在较大差距。

按照《2010 全民科学素质行动计划纲要年报》的提法，科学普及的目的是提升中国公民总体上较低的科学素质，缩短现代化与公众科学素养之间的差距及反对迷信③。

---

① 《2012 全民科学素质行动计划纲要年报暨中国科普报告》，科学普及出版社，2013，第 3 页。

② 高宏斌：《第八次中国公民科学素养调查结果发布》，《中国科学基金》2011 年第 1 期。

③ 《2010 全民科学素质行动计划纲要年报暨中国科普报告》，科学普及出版社，2011，第 4～6 页。

表1　历次中国公民科学素养调查结果

单位：人，%

类别	1992 年	1994 年	1996 年	2001 年	2003 年	2005 年	2007 年	2010 年
抽样调查人数	4800	5000	6000	8520	8520	8570	10080	69630
具有基本科学素养的公民百分比	0.3（数据主要用于测试）	结果未发布	0.2（数据主要用于测试）	1.44	1.98	1.60	2.25	3.27

资料来源：任福君、翟杰全：《科技传播与普及概论》，中国科学技术出版社，2012，第41页。

这一提法与长期支配科学传播的实践但现在广受批评的缺失模型的诉求非常接近，因为后者恰恰强调的是通过输送科学知识和技能提升公民的科学素养。

在一定意义上，中国只有 3.27% 的公民具备基本科学素养，这一比例让基于缺失模型的大规模科普活动显得非常合理。然而，随着中国社会的进步和多元化，基于缺失模型的传统的科普模式越来越难以适应中国的现状，特别是在涉及科学争议或潜在争议议题上。实际上，在西方，科学传播活动的广泛兴起，也是与争议议题所导致的科学声誉受损及第二次世界大战后科学界希望不断增加公共研发开支联系在一起的①。

在中国，公众和媒体同样开始质问特定的科学议题及迅速增长的科研资金的合理性。若干科学界的主流结论以及科学界就食品安全、垃圾焚烧等特定议题做出的结论，受到了公众的普遍怀疑。传统的基于缺失模型的科学传播活动越来越难以充分适应这种局面。

---

① Kurath, M. and Gisler, P., "Informing, Involving or Engaging? Science Communication, in the Ages of Atom -, Bio - and Nanotechnology," *Public Understanding of Science* 18 (2009): 559 - 573.

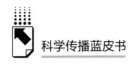

与此同时，科学传播的各种新概念，如前述的公众理解科学模型和公众参与科学发展模型，也被引进到中国。越来越多的中国学者认识到，传统的侧重科学家与科普工作者教导职能的科普活动，应该让位于科学家与公民之间的互动，以及公众对科学发展的参与[①]。

尽管调查显示，科学家群体就总体上而言，仍然属于公众最愿意信赖的人群之一，信任度仅次于军队[②]，但科学拥有的意识形态地位并没有妨碍中国公众开始质疑科学和科学家。

三 疏于传播的中国科学家

与西方不同，大众对科学兴趣的降低和不断出现的对科学的质疑，并未促使中国科学家积极应对公众。一项针对380名中国科学家参与科普活动的在线调查表明，尽管超过94％的受调查科学家认为科普是科学家的社会责任，他们中的大多数并没有采取任何行动。

在接受调查的科学家中，67.1％的人在2009年（进行调查的前一年）没有撰写任何科普文章，80.3％的人没有接受任何媒体采访，70.3％的人没有参加过任何科普活动[③]。

上述研究报告认为，科学家自身科普责任意识不强、所在单位绩效评价的制约以及国家相关政策执行乏力是中国科学工作者参加科学传播活动的积极性和主动性不够的重要原因。

---

① 田松：《科学传播——一个新兴的学术领域》，《新闻与传播研究》2007年第4期。
② "2011年《科学传播蓝皮书》：中国公众对军队的信任度最高，科技界其次"，中国皮书网，2011年5月26日，http：//www.pishu.cn/web/c_0000000600110004/d_19391.htm。
③ 刘立等：《科技工作者从事科普工作状况调查专题报告之一》，载中国科协调研宣传部《调研动态》2011年第91期。

尽管在中国，国家和科学机构领导人都在强调科学传播的重要性，但实质上，既缺乏专项资金鼓励专职科学家从事这方面的工作，也在政策制定上没有像国外一样（如美国国家科学基金会规定科研经费的5%左右需要用于与该科研项目相关的各种科学传播活动），让科研资金覆盖科学传播职能。

上述研究并没有区分基于缺失模型的传统科普和更加强调互动与参与的科学传播。但可以认为，大部分科学家仍然将参与科学传播等同于传统科普。即便如此，参加这类活动尚不积极，就更不用说让中国科研工作者参与到与公众的互动对话中了。

这种情况一点也没有随着社交媒体带来的舆论大爆炸而发生改变。例如，在微博空间，实名注册的科学家数量极少。在新浪微博人气总榜上，只有"@新浪科技"以365万粉丝位列433位。在新浪微博粉丝数前1000位的实名认证用户中，无一为从事自然科学研究或科普的个人博主。这说明，在微博上活跃的自然科学工作者的数量相当稀少[①]。

尽管上述诸多技术性因素可以解释中国科学家参与科学传播活动的积极性不高，但毋庸置疑的是中国自上而下的决策体制和科研基金分配模式在根本上减少了中国科学界像其西方同行一样为了赢得公众支持而从事科学传播工作。部分中国科学家认为，普通大众科学素质不高，难以与之进行互动的科技事务的讨论。更多的科学家则因为从事科学传播不能给自己带来任何明显的正收益而裹足不前。

结果，每当科学争议泛起时，中国科学界或者躲避公众的质询，或者使用大量专业术语匆匆应付公众质询。后者的情况在中国各地反对建设PX化工厂和垃圾焚烧发电站的运动中得到了鲜明体

---

① 范敬群、贾鹤鹏、彭光芒：《社交媒体对科学传播的挑战》，《当代传播》，审稿中。

现。应该说，公众的部分担忧并没有充分的科学结论支持，但在地方政府迫于压力不得不组织的公众听证会中，不少专家或者语焉不详，或者没有耐心应对公众质询，或者大谈专业术语。

毫无疑问，在公众对科学问题的担忧和质询中，的确存在着大量缺乏证据的臆测，也有不少非理性的呼声，但这并不应该成为科技工作者拒绝对话的理由。正如著名的科学传播学者怀恩（Brian Wynne）所说，公众对科学议题的怀疑立场，并非出于他们对科学信息的忽视和媒体的批评性报道，而是源于公众对科学、政府及其代表的不信任[①]。

四　公众参与科学的紧迫性

中国官方科学传播机构一方面号召科学家投身科学传播，另一方面自身并不愿意被卷入任何有关科学争议的公开辩论中。近年来围绕着转基因、核电和 PX 化工厂而展开的公开辩论和对话，或者是由当地居民自发形成合力推动政府组织对话，或者是由一些非政府组织穿针引线设法组织。

与此同时，大型科普活动和展览仍然是中国科普活动的主要形式。在每年 5 月的科技周和 9 月的科普日期间，全国各地的科技主管部门和科协组织都会在当地组织大型科普活动。据估计，每年全国科普经费的一半以上均用于科技周和科普日期间的科普活动[②]。这些大型科普活动以展览为主，间或举行科学家的讲座，但鲜有涉及争议性话题，更不用说就争议话题进行对话。

---

① Wynne, Brian, "Creating Public Alienation: Expert Cultures of Risk and Ethics on GMO", *Science as Culture* 10（2001）：445 – 81.

② 刘立等：《科技工作者从事科普工作状况调查专题报告之一》，载中国科协调研宣传部《调研动态》2011 年第 91 期。

可以理解，官方科学传播机构的领导人担心被卷入公众辩论会带来政治风险。但我们面临的现状是公众对特定科技议题的抗议已经蔓延到全国，包括绿色和平等非政府组织已经在积极推动这些抗议，而许多推动这些活动的组织并没有受过科学训练。在这种情况下，回避辩论只能增加社会的对立，并导致公众忽略必要的科学证据。

如前所述，在西方，特别是北欧和西欧国家，科学议题成为各种鼓励公众参与的民主活动的主题[1]。这恰恰是因为科学议题具有相对的政治安全性（因为在西方，科学议题往往不涉及党派、派系政治）。而在中国国家领导人强调大力推动民主政治的时候，刻意忽视这些极好的"素材"，不但对公民科学素质及强化公众对科学的支持不利，对民主政治的发展也会带来潜在的负面影响。

不过我们也没有必要对此完全悲观。中国仍然在公众科学对话方面取得可见的进步。

从 2011 年开始，中国科协及其部分地方科协，已经在开展常规的科学家与记者的对话活动，其中，以由中国科普研究所承办的每月定期举办一次的科学家与媒体面对面活动最为成功。这些活动与以往为了宣传本机构成绩而召集记者介绍本机构成果不同，科学家与媒体面对面活动从一开始就具有了公共性，话题基本与科协自身工作无关，参会记者也不再局限于科协联系的"跑口"记者。

在民间，部分科学传播的研究者和非政府机构也在推动理性和建设性的对话活动。如中国科学院政策与管理研究所的李真真课题组就从 2009 年起，在北京德外社区举办了中国第一起面向普通公

① Nielsen, A. P., Lassen, J. and Sandøe, P., "Public Participation: Democratic Ideal or Pragmatic Tool? The Cases of GM Foods and Functional Foods," *Public Understanding of Science* 18 (2011): 163 – 178.

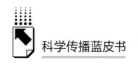

众的以转基因为主题的试点公民共识会议①。

近年来相当活跃的民间科普团体科学松鼠会，利用网络形式开设了"谣言粉碎机"，动员科学界的志愿者，对一些典型的和广为传播的不实科学信息进行及时勘误、更正和辟谣。这一形式生动、强调互动的活动在很多议题上取得了良好的效果，但在另一些议题上则面临着科学界参与不足，难以征召到提供科学信息的科学家志愿者等困境②。

而由本文作者之一发起的非正式的民间科学传播机构——科学媒介中心——则利用国际基金会的资助举行了在健康科研人员与媒体记者之间的角色互换活动，让双方深入对方的单位，扮演对方的角色，推动双方的互相理解和深入合作。这一试点性的科学传播活动也取得了很好的效果，得到了卫生部新闻办公室和中国健康教育中心相关领导的肯定，还被卫生部新闻部门进一步推广。

在这些民间科学传播活动逐渐开展的同时，中国的官方科学传播机构迫切需要行动起来，与科研院所、大学、广大科研工作者和其他社会成员一起，促进和推动广大公众参与到科学对话中，让科学传播不仅仅保持原有的"普及性质"，也能逐步走向公众参与科学的民主形式中，只有这样，民间机构的各种尝试才能取得可持续发展的效果。

五　应对 Web 3.0 大考

在探讨公众参与科学这一话题时，不能忽略的是以微博等社交媒体为核心界面，基于云技术与移动物联网技术的，智能化个性化

---

① 袁玥：《公民共识会议：尝鲜转基因》，《科学新闻》2010 年第 5 期。
② 参见杨鹏、史丹梦《真伪博弈：微博空间的科学传播机制——以"谣言粉碎机"微博为例》，《新闻大学》2011 年第 4 期。

信息推介的 Web 3.0 时代正在到来。

2012 年，新浪微博用户达到 3.68 亿人，其中 80 后占比为 55%，90 后、00 后占比为 37%。移动互联网技术不断融合①，其在中国社会舆论场中也占据了重要位置。

微博因其平民化、互动性以及日常生活新闻化和新闻日常生活化②，具有很大的潜力成为科学传播的重要载体、媒介与工具。但自从微博于 2009 年开通以来，除了在与科学相关的疫情发布、地震信息发布等方面由于微博自身发布的及时性而在传递信息和增进透明化方面发挥了一定作用以外，其在科学传播方面并没有发挥出预期的促进科学界与民众平等交流的作用。相反，在涉及包括转基因、地震预报以及食品安全等争议性科学问题时，甚至在包括疫苗接种、流感疫情防控等本来没有任何科学争议的议题上，反对科学主流观点和无视科学证据的声音，甚或伪科学传言和毫无依据的谣言都得到了广泛传播。

可以说，微博既为促进公众参与科学带来了便利和机遇，帮助公众通过网络表现其参与科学进程的民主化诉求，同时，其去中心、碎片化及缺乏信息审核机制的属性也威胁着科学传播的质量。

微博最大的挑战来自于这种传播方式对科学信息生产专业化的颠覆。

科学信息的生产往往需要基于科学实验，而实验过程动辄需要几个月，甚至几年的时间。在此基础上，科学家需要搜集数据，对数据进行反复分析并在既往研究的基础上阐释这些数据，这就使得论文的生产时间通常以月来计算。一篇论文往往由数千字组成，可

---

① 数据来源于新浪微博数据中心、北京大学市场与媒介研究中心等联合发布的《2012 年新浪微博用户发展调查报告》，第 6 页。

② 涂光晋、陈敏：《突发性事件中的微博舆论场分析——以北京"7·21"暴雨事件为例》，《当代传播》2012 年第 6 期。

以充分解释科学结论的各种条件和限制因素。科学的结论还往往存在不确定性。科学结论的发布往往以论文的形式，而论文则经历了同行评议的过程，这一过程既是对相关结论的科学意义的肯定，也是对其真实性的保证①。

在这种情况下，微博所带来的民众对科学问题的直接质询，让中国科学界和科学传播界措手不及。科学生产的内在规律和程序性特点并不会因为微博传播速度的提升而发生改变，而科学家更加担心微博的字符限制、时间短促和公众的无门槛参与信息生产会加剧他们本来已经深恶的科学报道不准确。中国科学家在微博上表现很不活跃。

那么科学家在微博空间的缺席，是否代表在 Web 3.0 时代科学传播的专业化诉求与科学传播的民主属性之间存在无可调和的矛盾？是否不负责任的微博话语的泛滥应该让我们重新思考公众参与科学发展这一民主化议题是否正确？情况并非如此。

我们长期对涉及科学内容的微博发言的观察发现，即便在科学议题上，公民也表现了极强的民主参与的欲望。例如，我们最近一项针对在湖南衡阳违规进行的转基因黄金大米营养转化实验的微博传播的研究②显示，自 2012 年 8 月 31 日该事件被曝光开始，到 2012 年 12 月涉事的中美科学家被确认违反了确保公众知情权等科学伦理，中方责任人遭到中国政府部门的严肃处理为止，在这 220 天内，以"黄金大米"为主题词的相关微博内容达到 545488 条。这表明微博舆论对事态的高度关注。

但是，我们也发现，在科学争议事件的微博传播过程中，网友因态度而聚合，但彼此之间很少出现有关科学内容本身的民主辩论

---

① 英国皇家学会：《公众理解科学》，唐英英译，北京理工大学出版社，2004。
② 范敬群、贾鹤鹏、张峰、彭光芒：《争议科学话题在社交媒体的传播形态研究——以"黄金大米事件"的新浪微博为例》，《新闻与传播研究》，审稿中。

与平等交流。同时我们也注意到，网友对科学的质疑往往与其对政府管理的不满和对传统权力的颠覆有关。

深入分析这种情况，我们认为，尽管网友们在微博上发表了诸多不理性声音，但不理性的背后，首先有其正常的权力诉求。在缺乏可以支配的传播途径之前，宪法和法律规定的自由表达权，只是权利而不是可以运用的权力。而微博的到来，突然提供了这种权力①。其次，一些狂躁的抗议声，其针对的目标并非是科学本身，而是针对政府对包括科学在内的社会事务的管理能力。最后，在网络上滋生的谣言和阴谋论，尽管体现出部分网民科学素质的欠佳，但其反权力（而非反对科学本身的事实）的色彩和心态不容忽视。

同时，正像在政治和社会议题上一样，认为微博等社交媒体天然成了民主交流的工具，促成了科学议题的民主化公共空间的想法也同样是幼稚的。

传统上人们认为，公共争论恰如哈贝马斯所说的公共领域和交往理性，信息的单向流动被改变，每条信息会受到各方的质疑或检验，在充分的对话和讨论后，不实信息传播受到抑制，（科学）问题以本来面目得到传播，人们实现了理性的共识②。但是，在很多科学议题的微博传播中，我们观察到，由于支持和反对科学主流观点的双方基本都是各说各话，很难进行有效的对话和沟通。

基于这种情况，同时根据其他对微博民意的研究成果，我们认为，对科学传播而言，微博虽是体现其民主属性的公众参与的延伸，但其不是一种现成的民主模式，简单地让科学家参与网络对话并不能构建一种平等的民主。要保证微博在与科学相关的问题上真正带来公民的民主参与，必须十分审慎地辨析新媒体空间里海量数

---

① 参见李良荣、郑雯《论新传播革命——新传播革命研究之二》，《现代传播》2012年第4期。

② 尤尔根·哈贝马斯：《公共领域的结构转型》，曹卫东等译，学林出版社，1999。

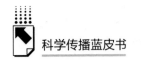
据所表达的意义，并在科学的专业性与公众言论的民主性之间找到妥协。

六　网络时代科学传播与民主的融合

基于对缺失模型的传统科普工作缺陷的探讨以及对微博空间非理性民意泛滥的认识，我们认为，科学传播在坚持鼓励公众参与科学这一民主化原则的前提下，必须坚持理性和合理的方式。

第一，我们需要在态度上认识到，包括微博民意、网络民意在内的公众对科学和科学争议事件的诉求，背后体现了民众真实的关切和对垄断性权力的抵制，这种诉求对构建科学传播的民主属性而言，具有相当程度的合法性。而微博则有潜力在塑造这种合法性方面发挥作用，为奠定理性的科学与公众的对话奠定基础。

第二，即便如此，包括微博民意在内的公众呼声，决不能被赋予颠覆科学权威的权力。如果小心处理微博数据，可以得到某种程度的民意，但嗓门大并不代表真理，科学的真理更不能依靠民意来投票解决。特定的问题，如转基因是否安全，垃圾焚烧是否安全，必须通过科学来回答。

第三，在上述两原则的基础上，我们认为，民意在科学传播中，首先应该体现为对科学议题的恰当关切和对科学议程的合理设定。比如，在转基因议题中，民众呼声所代表的民主性，体现为民众对转基因安全的合理担忧。这就要求科学决策者必须把转基因安全研究置于最为核心的地位。

第四，正像传统的媒体表达一样，网络民意促成了包括科学信息在内的信息开放和透明度。长期以来，不少科学家以自己研究内容太过专业为由，不愿意加入与民众的沟通中。但通过微博可以构建强大的民意压力这一点，在民主化成为整个社会追求的目标的时候，应该能促成科学家更加踊跃地投身到科学传播的实践中，特别是在争议问题上。像其他领域一样，Web 3.0 同样应该在科学传播中带来更大的透明性。

第五，科学传播的民主属性也应该体现为民众及其代表对科学组织和科学行为的监督，包括公民代表审批科研预算、衡量科学项目的民生收益、曝光科学不端行为等。在 Web 3.0 时代，这类沟通将变得更加容易，成本相对更低，这也使得我们有理由认为，网络民意的合理诉求及恰当表达方式，应该更被科学家和科学决策者重视（如宣传部门承担或委托学术机构进行的网络舆情研究，也应该延伸到科学领域），科学传播工作者也应该建立相关的渠道引导包括网络声音在内的民意，使之进入有意义的实质性讨论中，成为低成本的表达，同时也能成为基于证据的、负责任的民主表达。

B.10

互联网新意见领袖的作用

李良荣　郭敬丹*

摘　要：

新意见领袖是互联网催生的新的社会权利层，具有巨大的社会动员能量，尤其是在网络热点事件中发挥着左右舆论的作用。新意见领袖群的出现是网络"去中心化－再中心化"的必然结果。目前该群体的新走向引人关注。

关键词：

新意见领袖　社会权利结构　网络舆情

新意见领袖是互联网时代催生的一个新群体，是网络"去中心化－再中心化"的必然结果。这一群体已经成为一股全新的社会力量，处于舆论场的中心和重要结合点。在互联网浩如烟海的信息世界中，新意见领袖是网民信息处理的委托人；在诸多网络热点事件背后，新意见领袖对舆论的生成、演化有重要的推动作用，他们依托公众的追捧，把握话语权，掀起一波又一波的舆论风暴；新意见领袖的作用也已经从线上扩展到现实世界，显示出其强大的社会动员力。同时，作为新生事物，新意见领袖群体也充满许多变数，对其未来的走向应予以继续关注。

---

* 李良荣，复旦大学新闻学院教授，博士生导师；郭敬丹，复旦大学新闻学院研究生。

一　筛选信息——信息处理的委托人

互联网解构了国家对传播权力的垄断，把宪法赋予公民的传播权利变成了传媒权力。信息发布的相对自由带来了互联网上的"信息丰裕"，也增加了受众从海量信息中获取特定信息的难度。而新意见领袖则可以成为其"粉丝"信息处理的委托人，帮助互联网其他成员"在茫然无序的信息集群中定位信息"①。

新意见领袖已经构成一个很大的群体，其"粉丝"数量从几万名到几百万名不等，拥有很高的传播覆盖率。新意见领袖的出现，是互联网"去中心化－再中心化"的必然结果。"去中心化"，指互联网的传播效应比较分散，以参与其中的每个人为核心，传播权力在一定程度上下放到了社会，受众拥有自主权，在信息生产和获取上更加自由，每个人在网络上都可以随时发表自己的言论和信息。因此，海量的信息更新快，使人们难以辨别真假与其重要性。

面对这些不断涌现、瞬息万变的大量信息，普通网民需要寻找一个可以信赖的委托人帮助他们筛选信息，研判事实，这也就是新意见领袖所能起到的作用之一。他们对"超载的、模糊的信息进行解释，赋予其确定的意义"。②

以新浪微博为例，截至 2012 年 12 月底，新浪微博注册用户数超过 5 亿，日活跃用户数达到 4620 万，每日发博数量达 1 亿条，如此大规模的信息内容生产带来了信息的严重超载，而微博意见领袖可以凭借其较强的信息筛选能力和洞察力，在这样的信息环境中

---

① 张涛甫、项一嵚：《中国微博意见领袖的行动特征——基于对其行动空间多重不确定性的分析》，《新闻记者》2012 年第 9 期。

② 张涛甫、项一嵚：《中国微博意见领袖的行动特征——基于对其行动空间多重不确定性的分析》，《新闻记者》2012 年第 9 期。

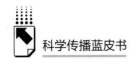

帮助广大"粉丝"排除冗余信息的干扰，发现公共事件中的焦点、热点和重点，并将其推送到网友的视野中。

在一次次网络热点事件中，新意见领袖为网民提供的事件相关信息往往会成为网民认识事件、关注动态的重要参考，像一个广播站一样，新意见领袖将过滤后的信息传播出去，又可以转播，成为重要的消息来源和资讯传播途径。

二 左右舆论——引导、引发、引爆

网络舆论成为意见领袖的主要产品，意见领袖通过直接传达自身掌握的信息或转发他人公布的内容，影响公众的日常生活，或者揭发事物的真实本质，激起大众的思想或精神，从而引导社会舆论的方向。依靠其广大的仰慕者，意见领袖可以不同程度地引发舆论风暴。

在突发公共事件中，这种作用尤为明显。2011 年"7·23"甬温线发生了重大铁路交通事故，伤亡非常严重；新浪微博的网友在第一时间发布了此灾难消息，引起广大网民热议，事故引发的舆论风暴更是引起了线上线下全国人民的关注，其中意见领袖的作用不可小视。

从最初事故当事人"羊圈圈羊"的一条求救微博发出后，众多意见领袖参与转发，在其推动下，事故引起广泛关注，为引发舆论奠定了坚实基础。进入救援阶段后，对官方发言人言行、事故原因、赔偿等诸多问题，微博意见领袖不断参与转发并发表观点，引领着舆论从"质疑、批判到谴责、声讨"① 转变。舆论关注点包括

---

① 王平、谢耘耕：《突发公共事件中微博意见领袖的实证研究——"以温州动车事故"为例》，《现代传播》2012 年第 3 期。

事故列车司机、最后的幸存者小伊伊、温州民众自发献血等，对于正能量的赞扬和对官方应对不力的批评，微博意见领袖发表的意见影响着舆论走向。

从事故发生的 23～26 日短短 4 天时间，微博意见领袖参与人数共计 127 位，并且微博的转载量大，尤其是 24 日与 25 日，舆论达到最高峰值点[1]，影响力较大，热度居高不下，连续数天都排在新浪热门话题榜榜首。

类似的案例还有很多。互联网中，发布信息的人往往只是突发事件的见证者，具有一定的知情度，但并不一定参与了事情的发生和发展，因此，不一定是微博舆论形成的关键要素，然而，他们发布的信息"易燃性"高，在经过新意见领袖和其他公众的转发、改写、充实或评论后，会成为巨大的导向性力量。[2]舆论被点燃后，新意见领袖对事件的关注和信息的不断补充，影响着舆论的走向。

在每个意见领袖的背后，存在数以万计甚至百万计的"粉丝"，对这样大的人群覆盖量，即使是发行量最高的报纸也难以企及。从这个角度来讲，新意见领袖引领了媒体导向，逐渐成为一股"热流"，在引发、引导、引爆舆论中体现出其"叱咤风云"的力量。

三　社会动员——一呼百应的强大力量

正是新意见领袖身后的众多忠实"粉丝"，赋予了新意见领袖

---

[1] 王平、谢耘耕：《突发公共事件中微博意见领袖的实证研究——"以温州动车事故"为例》，《现代传播》2012 年第 3 期。

[2] 《社会动员的新力量——关于微博舆论传播的调查与思考》，《光明日报》2013 年 1 月 29 日。

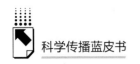

一呼百应的强大社会动员力。这种社会动员力不仅仅体现在对舆论走向的影响上，还会借助网络聚集人气从而将行动力拓展到线下，通过网络自组织，引导网民从虚拟空间转向现实行动，可见其影响力和影响范围之大。

相关调查研究显示，新意见领袖能够促进一系列新的消费观念产生，推动公益活动，比如，为经济落后山区的儿童提供文具用品、"免费午餐"等。2011年3月9日，由邓飞等500名媒体人在微博上发起"免费午餐"活动，倡议社会捐款。作为新意见领袖的邓飞在新浪微博拥有数百万的"粉丝"，倡议发起后短短两个月，不断引起网友的关注支持，并且捐款捐物。如今，"免费午餐"已经成为成功的民间公益项目，并且得到了政府的支持：2011年10月，国务院决定启动实施农村义务教育学生营养改善计划，政府每年拨款160多亿元，按照每生每天3元的标准为农村义务教育阶段学生提供营养膳食补助，普惠680个县市、约2600万在校学生。来自网络的"免费午餐"影响了国家政策决策，形成政府对于农村义务教育的学生营养改善项目，新意见领袖凭借自身的影响力赢得网友的信任，并将此种信任转化为了实际行动上的支持，最终推动了政府的支持。

新意见领袖之所以能够成为社会动员的新生力量，是因为他们掌握了社会资本——声望、名誉，并以此可获得公众的认可[1]。而在与"粉丝"的不断交流和互动中，意见领袖的社会资本也在不断增加，"粉丝"群体不断巩固、壮大，进一步为其社会动员力打下坚实基础。网上的号召力结合现实社会中的行动，新意见领袖对公共事件的进程和结果逐渐产生不可忽视的影响。

---

[1] 〔美〕林南：《社会资本：关于社会结构与行动的理论》，张磊译，上海人民出版社，2005，第47页。

四　总结

伴随着网络和信息化的迅速发展，新意见领袖日益在人们意识形态占有较高的地位，逐渐引领了虚拟世界，他们提供着舆论议题和素材，发表观点影响着舆论走向，也通过自身的影响力引发现实行动。已经有许多案例显示了新意见领袖所发挥的正向作用。但新意见领袖毕竟属于新生事物，并非尽善尽美，还充满变数，也会带来一些负面影响。

互联网尽管给网民带来信息发布的自由，但对普通网民来说，想要发布有影响力的信息是不太容易的。能引起较大关注和影响的信息和评论往往需要传者有一定的知识储备，并掌握和整理一定数量的材料，给出能引起受众较大兴趣的信息，这正是新意见领袖所能做到的。由于信息发布成本的限制和意见领袖自身认识上的主观性，如果其不能给出对事件的理性分析，如果新意见领袖发布的意见给"粉丝"带来了偏激的引导，则一个群体可能会被意见领袖引导到一个狭窄的范围内，继而对事件产生片面认识，最终消解舆论的正向力量。

而且，一批意见领袖正在走向商业化、职业化，极少数的意见领袖开始以经营微博、博客为业，依靠网站和广告客户所给予的报酬为生的职业意见领袖会偏离自己的价值观，而一味追求其市场地位，不问对错的追随"粉丝"的意愿而进行情绪发泄，这可能会引发网络暴力。意见领袖的社会动员能力如果不能被有效地加以规范、被正面利用，也可能对社会的稳定和发展引起负面影响，2011年春季的"阿拉伯之春"运动及美国爆发的"占领华尔街"运动都已经体现了这一教训。

总之，新意见领袖作为互联网"去中心化－再中心化"的必

然结果，这个群体正在彰显其作为新权力阶层的中心话语权，并不断构建着自身的公共性。在看到其积极作用的同时也要明白，新意见领袖的变数还很不明确，应该期待这一群体为我国社会带来更多的积极作用，尽力加以引导，努力克制其消极方面，并且持续关注其在公共事件中的表现，对新意见领袖做全面的认识。

B.11
科普期刊高影响力微博的
因素分析及运营策略

张光斌*

摘　要：

微博影响力对期刊的价值主要体现在传播效率和营销功能。影响力由可信度、活跃度、传播力和覆盖度四大指标构成。哪些微博内容和手段能够提升四大指标？如何以最低的成本将微博账号控制于股掌中，也许是许多科普期刊微博运营的困惑。本文就样本微博的内容依四大指标进行分析，并结合《自然与科技》微博的运营实践，对这些问题进行探讨。

关键词：

科普期刊　微博　影响力　运营策略

一　分析的目的

科学传播借助微博病毒式的传播能力以及极强的互动性可以发挥有效的作用，其前提是微博具有较高的影响力。微博影响力是衡量单个微博账号每天在微博上影响力大小的数值。它可以通过微博账号发布微博情况，被评论、被转发的情况以及活跃粉丝的数量等

＊　张光斌，上海科技馆《自然与科技》杂志社社长。

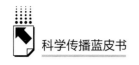
来综合评定一个账号的影响力大小。

科普期刊微博作为微博传播活动的主体，主动的制约传播过程，是微博传播效果形成的主导因素。科普期刊微博本身状态，将对传播效果造成较大的影响。科普期刊的知名度和微博的整体运营策略、目标与技巧等几个方面，是构成科普期刊微博运营效果的主要因素。通过对科普期刊影响力微博的分析，有利于推动科普期刊微博运营的规范化、科学化，促进科学内容的多渠道、多角度传播。

二　分析的对象

2012年12月14日，新浪读书频道发布了"新浪期刊微博影响力科普教育类TOP20期刊排行榜"，统计在2011年9月1日至2012年8月31日内，科普期刊微博影响力的排行情况。排行规则是按微博账号日均影响力值进行排名。期刊入选条件是拥有期刊CN号的中文期刊。

本文的研究对象设定为排行榜中的前10家"科普期刊"的官方微博，样本的筛选截至2013年7月11日，并参考了邓玮开发的微博应用程序"微博风云"的"科普教育"类"影响力"排名（见表1）。

影响力是传播者的传播能力，这涵盖"可信度"、"活跃度"、"传播力"、"覆盖度"四大衡量指标。目前科普期刊微博主要以四类内容对微博的可信度、活跃度、传播力和覆盖度产生贡献：展现一个丰富的期刊形象，拉近期刊与公众的距离；内涵丰富的微博内容使读者对科学知识的吸纳更容易；帮助公众从科学的角度解读公共事件；互动内容。

表1　新浪期刊微博影响力科普教育类 TOP20 期刊排行榜（节选）

期刊微博名称	影响力排名[a]	活跃度排名[b]	原创率/%	平均被评论、被转发数/次[b]	活跃粉丝数/人[b]	PR 值[b]
《中国国家地理》	1	4	45	38.3~152.5	210876	1.47
环球科学杂志社	4	6	50	12.5~58.3	21812	1.71
《Newton–科学世界》	7	5	90	8.3~31.4	10816	1.58
《博物》杂志	8	7	50	52~139.1	25131	1.92
《兵器》杂志	9	3	5	3.4~4	5081	1.74
《科技生活周刊》	10	2	85	1.6~2.1	5669	3.7
《新发现》杂志	11	9	85	4.6~29.9	4819	2.26
《中国科学探险》	12	8	25	1.1~5.5	12288	2.3
《自然与科技》	14	1	55	0.3~1.3	7176	1.77
《旅游地理》杂志	15	10	55	4.4~3.7	6377	1.64

注：a 数据来源：新浪微博数据中心；b 活跃度、平均被评论 - 被转发次数、活跃粉丝数及 PR 值（people-rank 值，是粉丝质量指数，PR>1 代表粉丝质量高于平均水平，数据每 24 小时更新 1 次）参考了邓玮开发的微博应用程序"微博风云"的"科普教育"类的数据。（数据截至 2013 年 7 月 11 日，下同）

三　可信度分析

对"可信度"的评估可用"是否获得微博平台认证的企业用户"等因素来判断，粉丝质量指数 PR 值（People-rank 值）高低，微博原创率等。

表1 中所有科普期刊微博均获得了新浪微博平台认证；原创率前三名的微博是《Newton–科学世界》、《科技生活周刊》和《新发现》杂志；PR 值前三名的微博是《科技生活周刊》、《中国科学探险》和《新发现》杂志。

原创发布策略：第一，微博日报。如《博物》杂志每日一题中绿茶是饮用最广泛的一种茶，以下哪种不属于绿茶？备选答案：

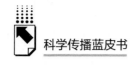
A 西湖龙井 B 云南普洱 C 黄山毛峰 D 信阳毛尖（上期答案揭晓：郁金香为荷兰国花，下列哪种郁金香最为稀有 正确答案：D 花瓣带有如同大理石纹路）等。

第二，传递正能量。如《自然与科技》杂志参与公益项目，帮助"2013 守护斑头雁少儿绘画大赛"上海环教活动招募志愿者。

第三，长微博。如《新发现》杂志中的德国两名计算机黑客发明了一款音乐雨伞，用压电材料制成的传感器，让洒落伞盖的雨点演奏音乐。她们在伞盖内侧粘上 12 个快速反应传感器，连接简单的电路板。

原创发布时，配图可增加微博信息的可读性，网址链接等外部资源可拓展信息面。

四　活跃度分析

什么是活跃度？发布高质量博文吸引粉丝、积极转发评论、私信好友聊天都能迅速提高活跃度。如《自然与科技》微博注册 1001 天，发微博 7194 条，平均每天发微博约 7.2 条；在最近一周平均每天发微博 4.2 条。表 1 中活跃度前三名的微博是《自然与科技》、《科技生活周刊》和《兵器》杂志。活跃度提升的策略如下。

1. 转发与评论

策略 1，热贴转发。可通过新浪微博－微数据－看热贴，选择适合的微博进行转发、评论。

策略 2，跟踪转发。如科技生活周刊共转发了 57 条英国《每日邮报》的报道。

策略 3，自我转发。由于微博的影响时间非常短，可以通过自我转发引起更多粉丝关注。如环球科学杂志社，该研究发表在最新一期《血液》（*Blood*）杂志。环球科学杂志社：科学家用 iPS 细胞在试管中制造出人类红细胞和血小板，得到的红细胞有望用于诊查疟疾和镰状细胞血症，而血小板则可用来探查心血管病，并治疗凝血障碍。研究人员称，"用病人自己的 iPS 细胞生成的红细胞和血小板，有望解决与免疫排斥和污染有关的问题，也有望减少可预见的血液短缺和献血需求。"转发及时，评论采用热情、亲切、幽默的语言风格，效果明显。

（2）视频分享与播放。如《兵器》杂志发布的身边的 Skyshield 天空盾牌防空系统，声音还是挺大的。杂志社这些年比较重视采访，总是不惜血本到各大防务展"取经"，这段天空盾牌的视频是在 2011 年伦敦防务展上由杂志社编辑拍摄的。

五　传播力分析

什么是传播力？每篇博文平均被转发、被评论的次数和人数越多，证明微博的传播力越强。表 1 中传播力前三名的微博是《中国国家地理》、《博物》杂志和环球科学杂志社。传播力增强的策略如下。

（1）微访谈

微访谈是以新浪微博为基础，与传统访谈不同，微访谈提出的问题来自于普通网友，由访谈嘉宾直接进行回答，能够做到回答者与提问者的"零距离"沟通。如《科技生活周刊》发布的《变形 3》预告片，月球背面有啥蹊跷？中国人登月路还有多远？《蝌蚪五线谱》、《科技生活周刊》联合邀请中国探月工程首席科学家欧阳自远院士做客视频访谈《中国人何时能登上月球》等。

（2）微直播

微直播是基于微博，集合微博上多样化的实时信息，全面呈

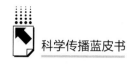

现大型活动进展情况的直播平台。微直播中，网友能够通过参与现场播报，与名人嘉宾一起成为活动的主导者。同时基于微博快捷的传播机制和庞大的用户基础，微直播已成为活动信息最快速的传播载体。如"《中国科学探险》带你参观 ISPO。今天是北京 ISPO 展会第一天，你会因为天气放弃参观吗？没关系！DEEP 帮你实现不能亲临现场的遗憾！各位看官，现场直播要开始啦！"等。

（3）大屏幕

微博大屏幕又称微博墙，是在大型展示场所以特定主题微博呈现的大屏幕，大屏幕上能够显示现场参与者发送的短信与网友发送的微博。如《中国国家地理》创刊 60 周年盛典首次启用微博大屏幕："只要你的微博内容里有'中国国家地理 60 年'字样，现场大屏幕就会显示你的祝福语啦！盛典现场选读精彩祝福语，并有机会获赠特制大礼包！快写下你想对《中国国家地理》杂志说的祝福语吧！"等。

（4）微博矩阵

微博矩阵是指在一个大的企业品牌之下，开设多个不同功能定位的微博，与各个层次的网友进行沟通，达到 360 度塑造企业品牌的目的。通过多账号协作，针对企业在宣传上的多样化需要，设置多个功能明确的账号，彼此互相协作，形成传播合力。像《中国国家地理》、《博物》杂志的官方微博和员工微博形成了一个微博矩阵，官方微博主要是信息的发布和粉丝的互动，员工的微博作为和粉丝互动的补充，更重要的是听取粉丝最真实的声音。

（5）App

如《博物》杂志、《中国国家地理》：手机扫描二维码或登录 App Store，Android 第三方应用市场搜索"中国国家地理"。

六　覆盖度分析

什么是覆盖度？当天登录的粉丝数和与期刊微博有互动的粉丝数越多，覆盖度越高。表1中覆盖度前三名的微博是《中国国家地理》、《博物》杂志和环球科学杂志社。值得注意的是，在微博发展进入成熟期后，粉丝将不再是评价微博的唯一标准，如果自媒体是一个产品，那么粉丝就是这个产品的用户。让产品真正的用户找到这个产品并留下来，让一些不适合这个产品的用户离开，对产品只有好处没有坏处。用户不断筛选的过程，对产品绝对是有利的，除非负责人对自己产品本身没信心。活跃粉丝增加的策略如下。

（1）使用免费微博工具主动关注目标微博并与其互动

如新浪的"微数据"、邓玮开发的微博应用程序"微博风云"等都可以找到活跃的、有价值的粉丝。

（2）发动某一话题时，可通过新浪微博－微指数－热词指数，找到该话题的热议微博，进行互动。如《旅游地理》六月刊互动话题："夏天来了，好不容易捂了一冬天的白，在烈日下没蹦跶两天就晒黑了！旅途中的你有没有什么防晒妙招，快来跟大家分享一下吧！评论并转发参与互动，您的见解就有机会刊登在《旅游地理》六月刊上，还能获得当期杂志，来吧，与亿万高铁旅客分享你的'防晒秘籍'"。

（3）微博群

微博群聚集有共同志趣的人，将与共同兴趣相应的话题全汇集在微博群里。让志趣相投的群体以微博的形式及时便捷地进行沟通。

七　通过微博实现期刊活动的创新

活动营销是组织以参与有影响力的社会活动或与统筹有效的资

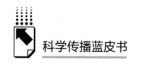
源设计活动而加快提升组织和品牌知名度与影响力，加速产品销售的营销方式。

微博营销是一条低成本拓展和主动管理目标群体的全新营销方式。微博的特性能够帮助刊社和读者之间形成良好的互动平台，以便及时了解读者需求以及对刊社服务的评价，通过这种人性化的交流，刊社可获得足够多的跟随者，进而提升品牌价值。

微博以电脑为服务器以手机为平台，把每个手机用户用无线的手机连在一起，让每个手机用户不用使用电脑就可以发表自己的最新信息，实现了期刊、网络和手机三者跨媒体的互动传播。

期刊活动微博实现的方式可归纳为以下几点。

（1）微博投票。通过投票，从粉丝那里获取真实的反馈，从而为选题优化、封面方案提供决策依据。

"《自然与科技》关于自然与科技的投票【2013 第 2 期特别策划：守护斑头雁】，挺赞的！先转给你们，封面方案大家帮我投一票吧：http：//t. cn/zYO3WSM。"

（2）有奖转发。体现办刊宗旨，践行社会责任，扩大了刊物的社会影响力，提升了其在目标群体中的知名度和美誉度。

"《中国国家地理》【有奖活动】Jeep 极致摄影大赛 TOP100 最后五幅作品。关注并成为中国国家地理和 Jeep 中国站粉丝，转发本微博并三位好友，留言写下你喜欢图片的编号和理由，我们将从中选取 10 名网友，赠送印有你姓名的专属杂志——《中国国家地理》2012 年 10 月特刊：内蒙古专辑。TOP100 专题：http：//t. cn/zWB0B9I。"

（3）同城活动：让读者从虚拟世界回到现实，通过面对面的主题活动，设置趣味互动环节，让读者对刊物的评价自然流露，获取了宝贵的改进意见，增强了读者的黏性。

"《Newton－科学世界》缤纷科普大讲堂（2013 年第 5 期）地

点：北京朝阳区朝阳公园索尼探梦科学馆 时间：5月2日 周四11：00~5月18日 周六15：00 费用：免费 发起人：Newton-科学世界 类型：展览/沙龙 话题：缤纷科普大讲堂。"

（4）通过期刊、官网和微博发布征集标志、摄影作品的消息，精心设置微博议程，将纸刊的真实性、权威性与微博的互动性相结合，可以有效获取办刊的资源。

《自然与科技》"自然·科技·瞬间"摄影大赛作品征集投票，大赛设6个单元，时间跨度达1年。在活动中，我们注重对公众，特别是青少年进行生态理念的教育，将活动的丰富性、趣味性与教育的严肃性、重要性有机结合在一起，产生了极大影响，取得了很大成绩，赢得了各级相关部门的充分肯定。

活动明确了目标、主题和宗旨，设置了组织机构和奖项，聘请了评委，通过消息发布-报名及提交作品-评委初选-微博投票-获奖作品微博公示-确认获奖资格-颁发奖金及获奖证书-征集下一单元参赛作品等环节进行微博循环互动，形成了累积效应，不仅为期刊积累了生态摄影师资源，而且为主办单位上海科技馆的展示收藏工作进行了物种图片的储备，取得了满意的效果。

活动通过精心策划，还吸引了政府购买服务和行业相关单位参与协办，不仅破解了活动经费的困局，而且通过其他主流媒体的宣传支持，使刊物的影响力显著提高。

八　结论与建议

媒体属性决定了微博天生是一个优质的传播平台，微博最有价值的地方在于信息流的传递。传统平媒的数字化之所以成功，首先是基于传媒自身强大的品牌影响力；其次是善用微博特性，将资源最大化利用；最后是多平台提供优质的内容完全符合现代用户的现代阅读方式，大大提高了用户的黏性。上述四大指标的评估，对影响力的影响有所不同。本文根据罗昕及陈晓明的研究，结合《自然与科技》微博的运营实践，对各项指标的权重分配的建议如表2所示。

表2　微博影响力指数的衡量指标及权重分配建议

一级指标	二级指标	权重
可信度	认证用户	40%
	微博内容原创率	
	粉丝质量 PR 值	
活跃度	微博更新数量及频率	10%
	活动数量及频率	
	参与评论、转发、私信、投票等微博互动的次数	
传播力	原创微博被转发/评论的数量及人数	25%
	传播速度	
覆盖度	活跃粉丝数量	25%
	有互动接触的粉丝数量	

评估影响力的效果方面，"可信度"的权重最大，因为微博的"诚信"与"权威性"对微博形象具有重要的价值，微博的形象代表着受众的信任程度。"活跃度"需要花费更多的精力和成本，并且容易"弄巧成拙"，因此，其权重最小。"传播力"和"覆盖度"与关注者相关，只是关注重点不同，故而设定的权重相当。

微博是传统科普期刊选题线索的来源之一，是热门话题口碑传播的途径，是舆情监测与整合数据的得力助手。然而，这一切只有高影响力的微博才能收到预期的效果。

利用微博使期刊活动达到预期的效果，可借助微博配套的微博工具，对活动精心策划，在活动设计、资源利用、活动实施和效果评估等环节综合考虑活动的针对性、互动性、新奇性和趣味性，并争取新浪微博的官方支持，可不断提高"粉丝"数量，降低"僵尸粉丝"数量，使活动效果有效提升。

微博的活动要根据刊社的自身情况来开展。活动不仅可以更好地发展自身微博，亦可进一步拓展微博营销。实践表明，尽管微博传播效率高，但一条微博的影响力持续时间短，需多次转发才能引起足够的注意。另外，活动中的某个细节如考虑不周，可能引起围观甚至产生强烈的意见分化，需要积极响应，坦诚互动，才能化争议为刊物的正面宣传效应。

参考文献

陈晓明：《企业微博客营销效果的影响因素分析》，硕士学位论文，暨南大学，2012。

罗昕：《重大突发事件的微博传播影响力评估指标体系建构初探》，《新闻与传播研究》2013 年第 3 期。

人民网舆情监测室：《2012 年新浪媒体微博报告》［EB/OL］.（2013 - 01 - 22）［2013 - 07 - 11］。

新浪期刊微博影响力科普教育类及 IT 数码类 TOP20 期刊排行榜［EB/OL］.（2012 - 12 - 14）［2013 - 06 - 06］，http：//book. sina. com. cn/news/v/2012 - 12 - 14/1138382810. shtml。

张光斌：《科普期刊的微博内容分析及其应用研究——以新浪微博为例》，《科技与出版》2012 年第 6 期。

专题报告与文献述评

Special Reports and Literature Comments

B.12

意识形态中的科学呈现

中国科学传播报告课题组*

> "科学技术这一仗，一定要打，而且必须打好。"
>
> ——毛泽东
>
> "中国要发展，离开科学不行。"
>
> ——邓小平
>
> "科学是无尽的前沿；当合理地滋育它时，科学还是无尽的资源。"
>
> ——万尼沃·布什

摘　要：

科学在当代中国的传播呈现出较为明显的"两张皮"

---

* 执笔人：韩亚栋。

的现象：根据主流意识形态及其代言人的规范性主张，科学被视为"第一生产力"，被纳入"国家发展战略"，被置于现代化建设成败之关键一环，然而，在按照主流意识形态层层制定的"十二五"规划纲要里，科学的重要性和显著性遭遇层层稀释，其丰富内涵也随着传播的推进而渐渐流失。科学在中国政治组织内的"传播失灵"，是上层"规范"对科学的强重视与下层"规划"对科学的弱重视同时并存的根本原因。组织部门应加强重视，确立组织内传播科学的新机制，并增强与其他各部门的合作，开辟跨部门宣传科学的新举措。

关键词：

意识形态　科学　"十二五"规划　组织内传播
传播失灵

一　意识形态的理论溯源

意识形态是一个极其复杂的概念。英国著名的马克思主义理论家特里·伊格尔顿就曾写道："没有一种意识形态的概念获得该领域理论家们的普遍认同……有多少意识形态理论家，就有多少种意识形态理论"。[①] 美国著名政治学家罗伯特·普特南也曾指出："对任何一位社会科学的追随者来说，浸泡在'意识形态'这一冰冷而混浊的文献之水里，都是一次触目惊心、令人失

---

① 特里·伊格尔顿：《历史中的政治、哲学、爱欲》，马海良译，中国社会科学出版社，1999，第94页。

望的经历。在社会科学的众多概念中，很少有概念像它这样激发了堆积如山的评论，却促成了如此微量的知识积累。"① 尽管如此，我们仍然可以尽力梳理出一条大致清晰的意识形态的概念流变史。

（一）早期意识形态理论与马克思的理论困境

一般认为，现代意识形态学说的理论雏形，可以追溯到培根的"假象说"（-idols）。② 我们知道，"意识形态"对应的英文单词是 Ideology。从词根上讲，它可追溯到培根使用的拉丁文"Idola"。在培根笔下，该词指与他所推崇的科学相对的幻象、假象、偏见等。培根认为，由于人性本身的假象和错误概念劫持了其理解力，困扰着人的心灵，人类才无法达到科学真理的殿堂。他列出了四种"困扰人们心灵的假象"：一是"种族假象"，它受到一般人性或意志和各种情绪的浸淫而产生；二是"洞穴假象"，由于每个人所固有的独特本性及其所受教育和习惯因人而异，每个人都是置身于自己的洞穴去观察外部世界；三是"市场假象"，概念本身具有模糊性，人们在交往时不可避免地会词不达意，进而导致彼此之间的误读和误解；四是"剧场假象"，由于传统具有权威性和教条性，人们极易对其形成盲目认可。③ 可以说，"四假象说"的提出，为此后的意识形态理论奠定了基础。

法国哲学家德斯蒂·德·特拉西第一次正式使用了"意识形态"的概念，用以指涉"一种新的观念科学"。作为一个感觉

① Robert D. Putnam, "Studying Elite Political Culture: The Case of Ideology", *The American Political Science Review* 3（1971）: 651.

② Larrain, J., *The Concept of Ideology*（Hutchinson of London, 1979）；曼海姆：《意识形态与乌托邦》，艾彦译，华夏出版社，2001，第 71 页。

③ 培根：《新工具》，许宝骙译，商务印书馆，1987，第 18～34 页。

主义者，特拉西认为，人的感觉是一切准确观念的基石，换言之，一切观念都可以还原为最为直接的感觉，而宗教意识和来自其他权威的知识（如形而上学），则不能做到这一点，所以它们理应被拒绝。相较而言，意识形态的功能就在于，它能通过从思想回溯感觉的方法，摒弃形而上学的谬误，成为人类一切知识走向科学的根本保证。在《意识形态原理》一书中，这位作家写道："意识形态就是动物学的一部分，在人的智力中，这一部分非常重要，值得深入开发；只要通过对观念、感觉的仔细分析，就能像动物学家研究动物标本那样探究人类思维，排除错误思想和偏见。"① 显然，特拉西与培根正好相反，对他而言，意识形态不是假象和偏见的代名词，而是构成知识和科学的同义语。

然而，拿破仑上台执政后，"意识形态"最终被定性为"一种危险的政治情绪"。我们知道，特拉西深信"意识形态"这一观念科学在社会、政治、教育等方面能产生巨大影响，他甚至试图设计一种国民教育制度，把法国改造成一个理性的、科学的社会。不过，在追求这些目标的过程中，特拉西和其他意识形态理论家逐渐与现实政治实践纠结在一起，意识形态也渐渐发展成为代表一定阶级利益的情感、表象和观念的学说，这渐渐构成了对世俗权威的挑战。为维护其独裁统治，拿破仑最终把特拉西等意识形态理论家认定为企图削弱其政治权威并在人们头脑里改造世界的人。他指出，"就是这些空论家的学说……会给我们美丽的法兰西带来不幸的灾难。"② 就这样，"意识形态"开始由特拉西式"观念科学"这一

---

① Susser, B., *Political Ideology in the Modern World* (Massachusetts: A Simon & Schuster Company, 1995), p. 25 – 45.

② 雷蒙·威廉斯：《关键词：文化与社会的词汇》，刘建基译，生活·读书·新知三联书店，2005，第217页。

中性称谓，转变为"危险的政治情绪"这一贬义语。

可以说，培根和托拉西开辟的关于"意识形态"学说的两条路径，为19世纪及此后的思想家们一直延续。它们并行不悖、时有交织地发展着。培根的"四假象说"对此后的理论产生了两方面影响：就其内容而言，意识形态由各种非理性的情感性因素组成，恰好构成科学的对立面；从来源上讲，意识形态虽然与人性、人的感觉和情感的不正确有关，但主要还是基于外部因素而形成。托拉西建立"意识形态"科学的宏伟计划，则基于彻底简单化的感觉主义立场，并不具备现实可行性。颇为吊诡的是，由他的"观念科学"所引发的否定意义上的"意识形态"概念，却随着德国唯心主义哲学对宗教和形而上学的批判而不断在发展。

不过，作为一种"批判的武器"，"意识形态"真正产生威力，则要等到革命导师马克思、恩格斯推出其颇负盛名的文章《德意志意识形态》。事实上，在"意识形态"这一概念的演变过程中，马克思和恩格斯才是提供了最为丰富的理论阐释的作家。他们在两种意义上使用了这个概念。

第一，与培根、拿破仑等人一样，马克思和恩格斯否定性地使用"意识形态"，并用以指涉代表和维护统治阶级利益的观念和意识。在批判德国唯心主义哲学时，他们发现，德国思想家们严重脱离了19世纪早期德国的现实土壤：他们把一切都纳入宗教的法庭加以审判，恰恰没有去追究德国哲学和德国现实之间的密切关联。这种"失联"是如何产生的？马克思和恩格斯的解释是，这种理论本质上就是"虚假的意识"。他们认为，这些理论家在生产思想和观念时，并没有从物质实践活动和实际存在的社会关系出发，而是基于纯粹的思维材料，对人和社会的关系进行了人为割裂，其结果只能是产生颠倒、虚假的意识。他们写道："在这样的意识形态中，人们和他们的关系就像在照相机中一样是倒立成像的，它只是统治阶级自己为自己编造出诸如此类的幻想"。

问题的关键在于，这些理论家缘何要脱离现实的基础去生产"虚假的意识"呢？这就涉及马克思和恩格斯关于"意识形态"的第二种涵义——观念上层建筑。就其功能而言，意识形态维护的是既有的社会秩序和利益格局。具体来看，统治阶级利用他们的统治地位歪曲事实，掩饰真相，将其阶级利益打扮修饰成全体社会成员的共同利益，并宣称其思想主张的唯一合理性。就这样，统治阶级的思想成功上升为全体社会成员的主导思想和普遍意识。正是在这个意义上，马克思得出了他对"意识形态"的全新界定：它是直接地、自觉地、系统地反映社会经济形态和政治制度的思想体系，是社会意识诸形式中构成"观念上层建筑"的部分。

马克思本人并没有就他对意识形态的双重界定做出调和性解释，这导致其理论本身陷入了所谓的双重困境。尽管他从未将自己的学说称为意识形态，但依据他对意识形态的界定，马克思主义本身就构成了一种意识形态；同样依据于他的阐释，任何意识形态都是"虚假的"、"歪曲的"，其结果是，马克思主义自身也成了一种对社会生活"虚假的"、"歪曲的"反映。这又与他们的一贯主张以及追求共产主义的社会实践形成了抵触。而这一理论困境，直到列宁提出"科学的意识形态"这一命题，才最终得以化解。

（二）列宁、葛兰西对马克思意识形态理论的发展

列宁提出"科学的意识形态"的概念，调和了马克思意识形态学说所存在的自我指涉的悖论，极大发展了这一理论。同马克思一样，列宁也将意识形态界定为一种上层建筑。不过，他笔下的意识形态，不仅仅是社会存在的反映，还是遵循党性原则的科学的思想体系。在列宁看来，意识形态作为一种反映阶级利益的"上层建筑"，它并不仅是剥削阶级的专利。以消灭剥削为己任的无产阶

级，自己也拥有意识形态。两者的区别在于，前者必定是"虚假的"意识形态，而无产阶级的意识形态则是对人类社会发展规律的遵从和揭示，自然而然也是科学的。在列宁看来，马克思主义正是唯一"科学的意识形态"。[①]

需要指出的是，由于所处时代的局限性，马克思和列宁在阐发其意识形态理论时，更为强调经济基础的决定性意涵，直到意大利共产党领袖葛兰西，意识形态的反作用才得到更加充分的重视。

葛兰西和他的领导权理论产生于特定的社会历史背景。一战爆发后，资本主义社会在经济、政治等方面的危机日益凸显，无产阶级革命在世界各地不同的资本主义国家相继爆发。但其最终结果大相径庭：俄国十月革命取得了伟大胜利，并建立了世界上第一个社会主义国家，而在工人运动更为成熟的德国、法国、匈牙利和波兰等地，无产阶级革命纷纷失败，世界无产阶级革命一度陷入低谷。其原因何在？葛兰西为此提出了颇具特色的领导权理论。

在其领导权理论中，葛兰西赋予了意识形态一种全新内涵——一种反映并维护特定阶级利益的观念上层建筑。他将之定性为"一种在艺术、法律、经济行为和所有个体的及集体的生活中含蓄地显露出来的世界观。"[②] 具体而言，在工人运动遭遇失败的资产阶级国家，一种新的领导权——文化－意识形态领导权诞生了。换言之，这些国家中的资产阶级之所以能够抵御无产阶级革命，是因为作为一种"世界观"的资产阶级意识形态是"怀着同一个目的而焊接在一起"的"集体意识"。这种"集体意识"作为一种"社会水泥"，不仅实现了资产阶级内部的整合，而且深入广泛地渗透到无产阶级的世界观和价值观之中，瓦解并同化了无产阶级意识形态。

---

① 《列宁选集》第2卷，人民出版社，1984，第96页。
② 俞吾金：《意识形态论》，上海人民出版社，1993，第246页。

二　主流意识形态与规范中的"科学"

按照马克思主义的传统，意识形态是一种反映并维护特定阶级利益的观念上层建筑。而对每一个阶级而言，它的先锋队或政治领袖，总是充当着阶级利益和阶级观念代言人的角色。中国共产党是中国无产阶级的先锋队，中共领袖则构成了这一特定组织和特定阶级的意识形态代言人。中国共产党经过革命夺取政权，最终成为执政党。它关于政治、经济、文化等方面的系列主张，也就自然而然成了我们的主流意识形态。通过追溯中共历届领袖的科学观念和科学主张，我们可以清晰梳理出一幅主流意识形态的"科学思想发展谱系"。

（一）从陈独秀到邓小平：科学成为"第一生产力"

陈独秀极力提倡"民主"与"科学"，他的科学观代表了 20 世纪前 20 年先进中国人对中国传统的批判性审视，为中国共产党科学观的形成奠定了基石。陈独秀深入考察了欧洲历史，从中发掘出科学对推动社会发展的重大意义："近代欧洲之所以优越他族者，科学之兴，其功不在人权说下，若舟车之有两轮焉。"对中国科学不兴的状况，他很是揪心："士不知科学，故袭阴阳家符瑞五行之说，惑世诬民，地气风水之谈，气灵枯骨。"中国人若要想摆脱蒙昧状态，只有奋起直追，"以科学与人权并重"。①

需要指出的是，陈独秀的科学观是一种以经验归纳为基础的实证主义科学观。在《敬告青年》一文中，他写道："科学者何？吾

---

① 陈独秀：《独秀文存》，安徽人民出版社，1987，第 9 页。

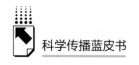

人对于事物之概念，综合客观之现象，诉之主观之理性而不矛盾之谓也。"他把实证原则和科学理性作为衡量一切、判断一切的尺度。① 在《新文化运动是什么》一文中，陈独秀进一步对科学做出界定："科学有广狭二义，狭义的是指自然科学而言，广义是指社会科学而言。"

陈独秀的科学思想，特别是他试图拿"科学"之药来治国人精神之"疾"的理念，对此后的共产党人产生了深远影响，其中就包括毛泽东。在发表于1919年7月14日的《陈独秀之被捕及管救》一文中，毛泽东写道："我们对于陈君，认为他为思想界的明星。陈君所说的话，头脑稍为清楚地听得，莫不人人各如其意中所欲出。现在的中国，可谓危险极了。……危险在全国人民思想界空虚腐败到十二分。中国的四万万人，差不多有三万万九千万是迷信家。迷信神鬼，迷信物象，迷信运命，迷信强权。全然不认有个人，不认有自己，不认有真理。这是科学思想不发达的结果。中国名为共和，实则专制，愈弄愈槽（糟），甲仆乙代，这是群众心里没有民主的影子，不晓得民主究竟是甚么的结果。陈君平日所标揭的，就是这两样。他曾说，我们所以得罪于社会，无非是为着'赛因斯'（科学）和'德谟克拉西'（民主）。"②

毛泽东将科学的兴废与无产阶级革命事业紧密相连，他极力主张将科学作为一门"真学问"来加以研究，这体现了他对科学精神的尊重。毛泽东强调，每一个人都要研究自然科学，不去了解它，"世界上就有许多不懂的东西，那就不算一个最好的革命者。"在他看来，"自从有阶级的社会存在以来，世界上的知识只有两门，一门叫做生产斗争知识，一门叫做阶级斗争知识。自然科学、

① 陈独秀：《独秀文存》，安徽人民出版社，1987，第8页。
② 《毛泽东早期文稿》，湖南人民出版社，2008，第305～306页。

社会科学，就是这两门知识的结晶，哲学则是关于自然知识和社会知识的概括和总结。"① 毛泽东认为，"自然科学是很好的东西，它能解决衣、食、住、行等生活问题，所以每一个人都要赞成它，每一个人都要研究自然科学。"② 他对社会科学的重要性同样颇有体认。早在 1929 年，他就明确提出，要加强"马克思列宁主义的研究"和"社会经济科学的研究"。他曾指出："人们为着要在社会上得到自由，就要用社会科学来了解社会，改造社会，进行社会革命。"③ 在写给儿子毛岸英的信中，他也一度谆谆告诫说："要知道有科学才是真学问，将来用处无穷。"④

毛泽东认为，科学技术是现代化建设事业成败的关键。早在 1956 年，他就率先提出"向科学进军"的号召。到 1963 年，他又斩钉截铁地说："科学技术这一仗，一定要打，而且必须打好。"⑤ 1969 年，面对严峻的国内外形势，毛泽东又告诫全党说："如果不在今后几十年内，争取彻底改变我国经济和技术远远落后于帝国主义国家的状态，挨打是不可避免的。"为此，科学实验还与阶级斗争、生产斗争一起，被毛泽东并列为足以使共产党人永远立于不败之地的三大革命运动。

邓小平提出了"科学技术是第一生产力"的著名论断。他说："科学是了不起的事情，要重视科学。"这也使得我们对科学的认识，不是停留在一般意义的层面，而是生产力的根本高度。邓小平指出，科学技术是生产力，生产力中也包括科学，这是马克思主义历来的观点。他此后又进一步提出了"科学技术是第一生产力"

---

① 《毛泽东选集》第 3 卷，人民出版社，1991，第 815~816 页。
② 《新中华报》1940 年 3 月 15 日。
③ 《新中华报》1940 年 3 月 15 日。
④ 《毛泽东书信》，人民出版社，1983，第 166 页。
⑤ 龚育之等：《毛泽东的读书生活》，三联书店，1986，第 111 页。

的论断。南方视察期间，小平同志又谈及这一话题："我说科学技术是第一生产力。近一二十年来，世界科学技术发展得多快啊！高科技领域的一个突破，带动一批产业的发展。我们自己这几年，离开科学技术能增长得这么快吗？""中国要发展，离开科学不行。"①

邓小平主张积极发展现代科技，特别指出，"四个现代化，关键是科学技术的现代化。""没有现代科学技术，就不可能建设现代农业、现代工业、现代国防。没有科学技术的高速度发展，也就不可能有国民经济的高速度发展。"② 为此，必须发展高新科技，"这些东西反映一个民族的能力，也是一个民族、一个国家兴旺发达的标志"。"过去也好，今天也好，将来也好，中国必须发展自己的高科技，在世界高科技领域占领自己的一席之地。"在邓小平的领导和支持下，党和国家制定了建立国家自然科学基金等一系列推动科学发展的方针和政策。

（二）从江泽民到习近平：科学成为"国家发展战略"

江泽民提出"科学的本质就是创新"的论断，极大丰富了我们对"科学"本质规定性的认识。"当今世界，科学技术飞速发展并向现实生产力迅速转化，愈益成为现实生产力中最活跃的因素和最主要的推动力量。"③ 自主创新能力上不去，一味搞技术引进，就永远难以摆脱技术落后的困境。"一个没有技术创新能力的民族，难以屹立于世界先进民族之林。"④ 为了"使科学技术在我国现代

---

① 邓小平：《中国要发展，离不开科学》，载《邓小平文选》第3卷，人民出版社，1994，第183~184页。

② 邓小平，《在全国科学大会开幕式上的讲话》，载《邓小平文选》第2卷，人民出版社，1994，第86页。

③ 江泽民，《论科学技术》，中央文献出版社，2001，第240页。

④ 江泽民，《论科学技术》，中央文献出版社，2001，第55页。

化建设中更好地发挥第一生产力的作用。"①，以江泽民为核心的党的第三代领导集体提出了建设国家创新体系的重大战略部署。江泽民强调，"科学的本质就是创新"，也就是说"要不断有所发现、有所发明"②。

江泽民还主张实施科教兴国战略，大兴科普之风。这大大拓展了科学在中国的"有效行动空间"，使它从庙堂走向民间，从精英走向大众。1995 年 5 月，中共中央做出了实施科教兴国战略的决策，把"科学技术切实放在优先发展的战略地位"③。江泽民还特别重视科学普及工作，且尤其强调弘扬科学精神。他指出："贫穷不是社会主义，愚昧更不是社会主义。"④ 在实施科教兴国战略时，必须把科学普及工作当成一件大事来抓。他指出，时至今日，科学与迷信、知识与愚昧的斗争并未停止，要把科学知识、科学思想、科学精神、科学方法的宣传和普及工作，作为精神文明建设的重要内容不断加强起来。⑤ 而且在普及"四科"之时，弘扬科学精神更带根本性和基础性。只有具备科学精神的武装，人们才会更加自觉地学习科学知识，树立科学态度，掌握科学方法。科学精神最基本的要求则是求真务实，开拓创新。⑥

胡锦涛提出科学发展观，将科学精神和人文精神有机统一起来。所谓"科学发展观"，就是"坚持以人为本，树立全面、协调、可持续的发展观，促进经济社会和人的全面发展"，按照"统筹城乡发展、统筹区域发展、统筹经济社会发展、统筹人与自然和谐发展、统筹国内发展和对外开放"的要求推进各项事

① 江泽民：《论科学技术》，中央文献出版社，2001，第 223~224 页。
② 《江泽民文选》第 3 卷，人民出版社，2006，第 36 页。
③ 江泽民，《论科学技术》，中央文献出版社，2001，第 37 页。
④ 江泽民：《论科学技术》，中央文献出版社，2001，第 61 页。
⑤ 江泽民：《论科学技术》，中央文献出版社，2001，第 159 页。
⑥ 江泽民：《论科学技术》，中央文献出版社，2001，第 191 页。

业。其中，"坚持以人为本"第一次在中央文件上出现，并且成为科学发展观的思想前提和核心内容，这是对发展本质的新揭示，对发展核心的新概括，集中体现了科学发展观的理论创新。它高扬一种新型的人文精神，纠正了纯科学主义极易导致的认知偏差："全面、协调、可持续发展"是以人的发展为主轴的社会发展观，它显然不同于那种一味征服自然和实用主义的唯科学的物质增长观；"经济、社会和人的全面发展"是这种发展观追求的价值目标，它不是靠人的理性推算出来的社会预设，而是一种基于人性和自然机制相互协调的可行性选择。因而，这种发展观远远超过了仅以 GDP 的经济增长为单一指标的不可持续的短期效应，重塑了与人的终极关怀相适应的价值目标、理想和信念体系。

习近平提出了"真正把创新驱动发展战略落到实处"的论断。他明确提出，"科学技术是世界性的、时代性的，发展科学技术必须具有全球视野、把握时代脉搏。当今世界，一些重要的科学问题和关键核心技术已经呈现出革命性突破的先兆。我们必须树立雄心、奋起直追，推动我国科技事业加快发展。要坚决扫除影响科技创新能力提高的体制障碍，有力打通科技和经济转移转化的通道，优化科技政策供给，完善科技评价体系。要优先支持促进经济发展方式转变、开辟新的经济增长点的科技领域，重点突破制约我国经济社会可持续发展的瓶颈问题，加强新兴前沿交叉领域部署。要最大限度调动科技人才创新积极性，尊重科技人才创新自主权，大力营造勇于创新、鼓励成功、宽容失败的社会氛围。"他主张"结合实际坚持运用我国科技事业发展经验，积极回应经济社会发展对科技发展提出的新要求，深化科技体制改革，增强科技创新活力，集中力量推进科技创新"。为此，他对我国科技界提出了"四个率先"的重要指示："中国科学院要牢记责任，率先实现科学技术跨越发展，率先建成国家创新人才高地，率先建成国家高水平科技智库，率先建设国际一流科研机构。"①

三 "规划"里的意识形态与传播中的"科学"

按照马克思主义的观点，我们将意识形态定性为"反映并维护特定阶级利益的观念上层建筑"，那么，当代中国的意识形态，可以被依次归纳为毛泽东思想、邓小平理论、"三个代表"重要思想、科学发展观及实现中华民族伟大复兴的中国梦。当代中国的主流意识形态究竟如何看待"科学"，如何定位"科学"？要从"实然"的层面对这一问题给予解答，除了研究最为核心的主流意识形态表述（如科学发展观）外，还必须去了解各级党委和政府对这一"核心表述"的"具体解读"，也就是他们在制定发展规划和政策文本时，究竟给予了"科学"怎样的位置。为此，我们将以各级政府编制的"国民经济与社会发展十二五规划纲要"为蓝本，对这一问题进行具体剖析。

（一）研究设计：聚焦"十二五"规划

本研究采用内容分析法，分析对象为各级政府逐级制定的"国民经济与社会发展十二五规划纲要"。

1. 样本选取

本研究样本采用分层随机抽样的方法。根据中国政府的层级设置，我们从中选取了中央、省、市、区四级政府及其制定的"十二五"发展规划（见表1）。

---

① 《习近平考察中科院：把创新驱动发展战略落到实处》，《人民日报》2013年7月18日。

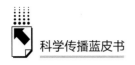
表1　地方政府"十二五"规划样本选取地区

类型	东部	中部	西部
省级政府	广东	江西	贵州
市级政府	广州	南昌	贵阳
县级政府	越秀	青云谱	开阳

其中，第一层级即为中央政府的"十二五"规划。在第二层级即省一级地方政府的选取上，我们参照了经济区划"三分法"：按照各地经济发展水平和地理位置相结合的原则，将全国划分为东部、中部和西部三大经济带。通过随机抽样的方法，我们从全国31个省市直辖区中，分别选取了广东、江西和贵州三个省，作为东部、中部和西部地区的代表。第三层级，市一级政府，则直接选取了上述三大省份的省级行政中心：广州、南昌和贵阳。第四层级，县一级地方政府，我们以各县的GDP排名作为标准，按照"富裕县份"、"中等县份"和"贫困县份"三大层级，分别从其省级行政中心下属的县域中选取了三个样本：越秀区、青云谱区和开阳区。

（二）理论模型：组织传播理论的应用

1. 传播方式：组织传播

根据传播学"创新扩散"理论，以新事物使用时间的先后为标准，我们可以把创新的采用者分为五种类型：革新者、初期采用者、前期追随者、后期追随者、和迟钝者。这些不同阶段的采用者，在价值观、个性特征、传播行为和社会关系等方面各具特色。[①]

这样一种分层级、有次序的传播模式，与当代中国意识形态的理论创新和决策部署颇为类似。作为中国特色社会主义事业的领导

---

① Everett M. Rogers，*Diffusion of Innovation*，(fP Free Press，2003).

核心，中国共产党在一定意义上恰好就扮演着一个"革新者"的角色。具体到意识形态领域，中共中央借助于自己的组织、文宣系统，在全国各级政府和各族人民中发挥着"定调"、"引导舆论"的重要作用。

具体来说，"科学"作为一种执政理念和执政方式，它在当代中国的有效传播和具体落实，是通过中国共产党这一特定的政治组织加以实现的。它的传播方式，与经典的组织传播模式是吻合的。

所谓组织传播，是以组织为主体的信息传播活动，其总体功能，就是通过信息传递将组织的各部分联结成一个有机整体，以保障组织目标的实现和组织的生存与发展。它既是保障组织内部正常运行的信息纽带，也是组织作为一个整体与外部环境保持互动的信息桥梁。"现代管理理论之父"巴纳德认为，任何组织的存续都离不开有效的沟通。共同的目标、协作的意愿以及组织成员的相互沟通是组织存续的三要素，而信息沟通居于核心地位。[1] 著名传播学者伊尼斯也曾说过：在任何国家政治的组织和实施中，传播都占有关键一席，尤其"在广袤地域的组织工作中，传播占有极其重要的地位"。[2] 因为信息生产传播的状况决定着组织运转的效率。

组织传播包括组织内传播和组织外传播两种模式。由于组织结构包括正式结构和非正式结构两方面，组织内传播同样可细分为正式渠道和非正式渠道两种。组织内传播的正式渠道，指的是信息沿着一定组织关系（部门、职务、岗位及其隶属或平行关系）环节在组织内流通的过程。其传播形式包括两种类型，即横向传播和纵向传播。而根据信息的流向，纵向传播又区分为下行传播和上行传播。

显然，在当代中国的政治体系中，执政党对某种观念理念的定

---

[1] 〔美〕巴纳德：《经理人员的职能》，王永贵译，中国社会科学出版社，1997，第62页。
[2] 〔加〕哈罗德·英尼斯：《帝国与传播》，何道宽译，中国人民大学出版社，2003，第5页。

位，构成了整个意识形态体系的"压舱石"。各级地方政府对相应观念理念的叙述、阐发和实践，均是以中共中央的定调为最高依据。"民主"如此，"科学"亦然。由此来看，"科学"在当下中国意识形态中的呈现问题，可以被有效转化为中共中央对"科学"的定位是如何在各级政府之间逐次传播（传播方式）和最终呈现（传播效果）的。让我们以"十二五"规划为例，参照中国政治的运作逻辑，具体探讨这一问题（见图1）。

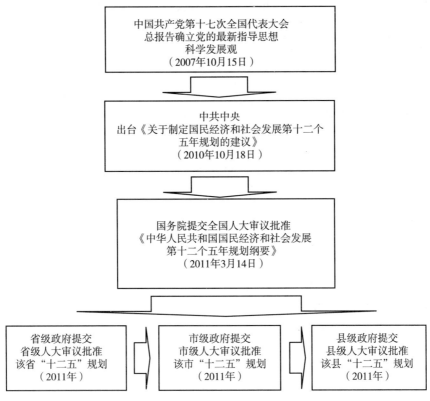

图1　各级政府逐级制定十二五规划的过程模式

2. 传播过程："5W"模型

对于中共中央的"科学主张"在各级政府之间的传播方式和传播效果，我们可以借用拉斯韦尔的"5W"模型加以分析。根据这位著名传播学家的研究，按照一定的内在秩序，信息传播过程包含五大基本构成要素，即谁（Who），说了什么（Says what），通过什么渠道（In which channel），向谁说（To whom），取得了什么效果（With what effect）。① 这一传播过程模式就是传播学领域中的"拉斯韦尔程式"，也常被称为"5W"模式。拉斯韦尔传播过程模式包括信源、信息、媒介、受众和效果五个环节（见图2），它比较完整地描述了人们习以为常却又说不清的传播过程，明确了传播学控制研究、内容分析、媒介研究、受众研究和效果研究五个基本内容，为当代传播学研究指明了方向。

信源		信息		媒介		受众		效果
Who	⇒	Says what	⇒	In which channel	⇒	To whom	⇒	With what effect

图2 拉斯韦尔传播过程模式

参照拉斯韦尔传播过程模式，我们同样也可以简明地勾勒出中共中央"科学主张"的传播过程模式（见图3）。

信源		信息		媒介		受众		效果
中共中央	⇒	科学	⇒	会议文件	⇒	各级党政机关	⇒	确保科学执政

图3 中共中央"科学主张"的传播过程模式

3. 传播效果：内容分析

为准确评估中共中央的"科学主张"在各级政府之间逐级传

---

① Harold D. Lasswell，"The Structure and Function of Communication in Society," *the Communication of Ideas*（New York：Harper and Brothers，1948）.

播的最终效果，本研究拟对其"十二五"规划纲要的政策文本进行内容分析。通过将作为分析对象的信息全部加以解析、分类和类型分配，我们可以对其最终显现的结果进行量化分析。

内容分析法的常用指标包括以下几种：一是出现的有无，即判断某一事物或属性在内容中是否出现；二是出现的频度，这是每当某组属性出现一次便加以累计的标示方法；三是出现的显著度，出现版面的位置不同，其权重自然也有所不同；四是出现的内容，也即其究竟涵盖了哪些基本指标。①

有鉴于此，我们就"科学"在各级政府传播效果分析指标确立了如下指标体系（见表2）。

表2 "科学"在各级政府传播效果分析指标

关注度	出现频次	科学		引领方向	推动重大科学技术突破
显著度	出现位置	科学			
覆盖面	出现内容	科学发展			
		科学精神			强化科技创新支持政策
		科学家			
		科学普及			
		科技指标	研发支出		造就创新型科技人才
			发明专利		

根据这一指标体系，每一份各级政府的"十二五"规划纲要，本研究都依据下列类目进行编码。

第一，出现频次。在这份规划纲要中，统计"科学"、"技术"、"科技"等关键词出现了多少次。出现频次越多，规划对"科学"的重视程度就越大。

---

① Stemler Steve, "An overview of content analysis," *Practical Assessment*, *Research & Evaluation*, 17 (2013).

第二，出现位置。这些关键词，是否出现在了规划纲要的"核心篇章"里。所谓的"核心篇章"，是指规划纲要的"总体要求"和"发展目标"，后者包括"发展环境、指导思想、主要目标、政策导向"等。出现位置越核心，规划对"科学"的重视程度就越大。

第三，出现内容。一些与"科学"相关的最为重要的指标，是否出现在规划文本中。"科学发展观"是"十二五"规划的主要战略思想，"科学发展"一词的出现频次和出现方式，显然能够反映各级政府对中央意图的贯彻程度；在科技知识、科学方法、科学思想和科学精神等"四科"之中，"科学精神"被江泽民同志认为是"更带根本性和基础性"的内容，对它出现状况的考察显然足以彰显各级政府对"四科"的重视程度；"科学家"是"科学界的主人"，评估规划纲要对"科学"的重视程度，显然也少不了这个指标；"科学普及"是让科学服务大众的基本途径，是党和政府历来十分重视的工作，也纳入了指标体系；而"研发支出"和"发明专利"，则是《中华人民共和国国民经济和社会发展第十二个五年规划纲要》在"'十二五'时期经济社会发展主要指标"中明确列出的两项与科技相关的指标。"引领方向"中涵盖的"推动重大科学技术突破"、"深化科技体制改革"、"加强科技基础设施建设"、"强化科技创新支持政策"、"造就创新型科技人才"五项内容，则完全依据于《国家中长期科学和技术发展规划纲要（2006~2020年）》所列出的发展思路。

（三）编码与信度检验

本研究的编码工作由四位公共政策专业的学生担任。四位编码员在正式编码前，均曾接受正式编码训练，并从整体样本中随即抽出20%，共2份规划进行信度检验，根据Holsti相互同意度和复合信度公式进行检定（见表3）。

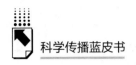

表3 "科学"在各级政府传播效果分析类目信度检定结果

编码员	频次	位置	内容	引领方向
复合信度	1.0	1.0	0.96	0.94

（1）相互同意度 $R = 2M/(N_1 + N_2)$

M：完全同意的数目

N_1：A 编码员的同意数

N_2：B 编码员的同意数

（2）复合信度 $CR = (N \times 平均相互同意度) / [1 + (N-1) \times 平均相互同意度]$

N：编码员人数

依上述公式，本研究得到各类目的复合信度。

如表3所示，本研究各类目复合信度皆达0.90，均为内容分析中相当适宜之分析标准。

（四）数据分析："十二五"规划中的"科学"

本部分针对"十二五"规划纲要对"科学"的关注度、显著度、覆盖面和引领方向进行分析。

1. 样本总体情况

本研究通过各级政府的门户网站或其发改委网站，共选取了10份"十二五"规划纲要，对其进行全文范围的内容分析（见表4）。

表4 各级政府"十二五"规划报告字数

单位：字

中央	报告字数	省	报告字数	市	报告字数	区（县）	报告字数
国务院	50552	广东	63837	广州	55476	越秀	23670
		江西	61408	南昌	108875	青云谱	41216
		贵州	50156	贵阳	33980	开阳	56628

　　三大市级城市都颇具典型性。其中，广州地处广东中南部，珠江三角洲中北缘，是中国的南大门，也是国家三大综合性门户城市之一，与北京、上海并称"北上广"。它是国家的经济、金融、贸易、航运和会展中心，中国南方的政治、军事、文化、科教中心，其社会经济文化辐射力直指东南亚。南昌地处江西中部偏北，赣江、抚河下游，濒临我国第一大淡水湖鄱阳湖西南岸。它是长江中游城市群重要中心城市及繁华的现代化大都市，也是中国重要的综合交通枢纽和现代制造业基地鄱阳湖生态经济区核心城市。作为中国历史文化名城和革命英雄城市，南昌具有深厚的城市文化底蕴和众多的历史古迹。贵阳是贵州省的政治、经济、文化、科教、交通中心和西南地区重要的交通、通信枢纽，工业基地及商贸旅游服务中心。贵阳生态环境良好，森林围城，是中国首个国家森林城市，首个循环经济试点城市，全国生态文明示范城市。生态贵阳山川秀丽、凉爽宜人，是自然和旅游资源的富集之地，中国避暑休闲之都。

　　三大县级城市也很有代表性。其中，越秀区是广州市的老中心城区，东起广州大道，与天河区接壤；南临珠江，与海珠区隔江相望；西至人民路，与荔湾区毗邻；北面到白云山山脚，与白云区相邻。其总面积为 32.82 平方公里，下辖 22 条行政街道，总户籍人口为 115.84 万，人口密度为 34735 人/平方公里。近年来，其 GDP 排名在广州各大区县位居第二，仅次于天河。青云谱位于南昌市区南部，因境内的"青云谱道院"而得名，有"英雄城南大门"之称。其区域面积 43.17 平方公里，人口约 30 万人，辖 5 个街道、1 个镇和 1 个农场，55 个社区居委会、12 个村民委员会。全区形成了自然水系、古色文化、园林生态、工业科技、休闲旅游、商贸购物、人居娱乐等七大特色。近年来，其 GDP 排名在南昌各大区县位居中游。开阳县地处黔中腹地，距贵阳市城区中心 86 公里，总面积 2026 平方公里，海拔为 506.5 ~ 1702 米，属北亚热带季风性

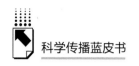

温润气候，年平均气温在 10.6 ~ 15.4℃，四季分明。该县辖 6 镇
10 乡，共 113 个行政村，11 个居委会，总人口 42 万，其中农业人
口 36 万，占总人口数的 86%。近年来，其 GDP 排名在贵阳各大区
县位居下游，为贫困地区。

2. 规划中的"科学"：关注度分析

总体而言，中央政府"十二五"规划对"科学"的关注度远
远高于地方政府（见表 5）。在入样规划中，中央政府"十二五"
规划的报告字数为 50552 字，"科学"二字共计出现 58 次，平均每
872 个字出现一次"科学"，其频率为 0.1147。这些数据远远高于
地方政府的相应数据。

表5 各级政府"十二五"规划中"科学"一词出现频次

单位：次

中央	出现频次	省	出现频次	市	出现频次	区(县)	出现频次
国务院	58 (0.1147)	广东	42 (0.0658)	广州	42 (0.0757)	越秀	16 (0.0676)
		江西	43 (0.07)	南昌	40 (0.0367)	青云谱	32 (0.0776)
		贵州	27 (0.0538)	贵阳	16 (0.0471)	开阳	23 (0.0406)

具体来看，广东、江西、贵州三个省级政府的"十二五"规
划，"科学"二字共计出现 42 次、43 次和 27 次，平均每 1520、
1428、1858 个字出现一次"科学"，其频率依次为 0.0658、0.07、
0.0538；广州、南昌、贵阳三个市级政府的"十二五"规划中，
"科学"二字共计出现 42 次、40 次和 16 次，平均每 1321、2722、
2124 个字出现一次"科学"，其频率依次为 0.0757、0.0367、
0.0471；越秀、青云谱、开阳三个县级政府的"十二五"规划中，

"科学"二字共计出现16次、32次和23次，平均每1479、1288、2462个字出现一次"科学"，其频率依次为0.0676、0.0776、0.0406。在各级地方政府中，市、县级政府对"科学"的关注整体偏少，其数据明显低于省级政府。10份"十二五"规划纲要中，"科学"二字出现频次最低的，分别是贵阳市、越秀区、开阳县和青云谱区，分别为16次、16次、23次、32次，低于10份规划"科学"二字出现的平均频次34次。

3. 规划中的"科学"：显著度分析

（1）地方政府对"科学"的重视度整体不高

总的来看，地方政府对"科学"的重视度普遍不高。一般来讲，"科学"一词若能被写入作为规划纲要核心内容的"发展目标"一栏，政府对科学的重视程度显然也较高（见表6）。

表6　各级政府"十二五"规划"发展目标"中"科学"出现频次

单位：次，%

中央	出现频次（所占比重）	省	出现频次（所占比重）	市	出现频次（所占比重）	区（县）	出现频次（所占比重）
国务院	1（1.7241）	广东	3（7.1429）	广州	1（2.381）	越秀	0（0）
		江西	0（0）	南昌	1（2.5）	青云谱	1（3.125）
		贵州	0（0）	贵阳	0（0）	开阳	0（0）

注：广州、南昌两地将"指导思想"、"发展原则"等列入了"发展目标"章节之内，不过，由于《中华人民共和国国民经济和社会发展第十二个五年规划纲要》以及其他各地多是将其并列论述，本研究在统计广州和南昌的数据时，排除了"指导思想"、"发展原则"等内容。

如表6所示，中央政府"十二五"规划第一篇第三章"主要目标"一章，就明确指出，要使"全民族思想道德素质、科学文化素质和健康素质不断提高"，"科学"一词出现 1 次。相比之下，三个省级政府中，江西、贵州两省规划在"发展目标"中均未提及"科学"，只有广东一省在"发展目标"中提及该词，且出现频次为 3 次，分别是："到 2015 年，科学发展的体制机制日益完善"；"改革开放不断深化。重点领域和关键环节的改革取得突破性进展，符合科学发展要求的经济体制、行政体制、文化体制、社会体制等基本健全，继续在科学发展、先行先试的体制创新上走在全国前面。"此外，广州、南昌和青云谱三地规划也各自提及 1 次科学，其余市、县（区）均未涉及。

（2）西部地区政府对"科学"的重视度相对较弱

东中西部不同地区中，西部地区政府对"科学"的重视度最弱（见表 7）。

表 7　不同地区"十二五"规划"发展目标"中"科学"出现频次

单位：次，%

区域	省	出现频次 （所占比重）	市	出现频次 （所占比重）	区（县）	出现频次 （所占比重）
东部地区	广东	3 （7.1429）	广州	1 （2.381）	越秀	0 （0）
中部地区	江西	0 （0）	南昌	1 （2.5）	青云谱	1 （3.125）
西部地区	贵州	0 （0）	贵阳	0 （0）	开阳	0 （0）

注：广州、南昌两地将"指导思想"、"发展原则"等列入了"发展目标"章节之内，不过，由于《中华人民共和国国民经济和社会发展第十二个五年规划纲要》以及其他各地多是将其并列论述，本研究在统计广州和南昌的数据时，排除了"指导思想"、"发展原则"等内容。

如表 7 所示，东部地区，广东、广州两级政府的"十二五"规划均在"发展目标"中论及"科学"；中部地区，南昌、青云谱两级政府"十二五"规划"发展目标"同样出现"科学"二字；唯有西部地区，贵州、贵阳和开阳三级政府"十二五"规划"发展目标"均未言及"科学"。

4. 规划中的"科学"：覆盖面分析

（1）地方政府在宣传落实"科学"时，政治口号大于实际举措

地方政府在宣传落实"科学"时，政治口号偏多，实际举措偏少。如图4所示，中央政府"十二五"规划提及"科学"时，既包括"科学发展"这一意识形态层面的重大战略思想，也包括"科学精神"、"科学家"、"科学普及"等与"科学"有关的重要理念、重要主体和重要举措。

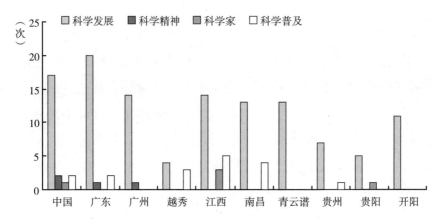

**图4 政府"十二五"规划"科学发展"、"科学精神"、
"科学家"、"科学普及"出现频次**

相比之下，各级地方政府"十二五"规划论及"科学"时，多以"科学发展"的形态出现，"科学精神"、"科学家"、"科学普及"等内容却鲜有涉及。特别是市县级政府，基本都是仅仅涵盖了"科学精神"、"科学家"和"科学普及"其中一个方面。

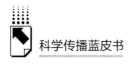

（2）中西部地区政府对"科学精神"的重视度普遍不高

就"科学精神"而言，中西部地区政府普遍重视不够。在中央政府"十二五"规划中，"科学精神"共计出现2次，分别是"突出培养学生科学精神、创造性思维和创新能力"；"弘扬科学精神，加强人文关怀"（见表8）。

表8 不同地区政府"十二五"规划"科学精神"一词出现频次

单位：次

区域	省	出现频次	市	出现频次	区（县）	出现频次
东部地区	广东	1	广州	1	越秀	0
中部地区	江西	0	南昌	0	青云谱	0
西部地区	贵州	0	贵阳	0	开阳	0

如表8所示，东部地区，广东、广州两级政府"十二五"规划均提及"科学精神"一词。其中，广东的规划指出，要"培育倡导科学精神，繁荣发展哲学社会科学"。广州的规划也强调，要"弘扬科学精神，加强人文关怀，注重心理疏导，培育奋发进取、理性平和、开放包容、诚信守序的社会心态"。中部地区，江西、南昌、青云谱均未论及"科学精神"；西部地区，贵州、贵阳和开阳同样如此。

（3）地方政府对"科学家"的重视度普遍不够

地方政府对"科学家"的重视度也不太够。在中央政府"十二五"规划中，"科学家"一词出现了1次，其内容为"造就一批世界水平的科学家、科技领军人才、工程师和高水平创新团队"（见表9）。

如表9所示，各级地方政府中，江西政府在"十二五"规划中3次谈及"科学家"，分别为"培养一批高水平学科带头人和战略科学家"；"实施院士后备人才、科技经营型创新人才、主要学

表9　不同地区政府"十二五"规划"科学家"一词出现频次

单位：次

中央	出现频次	省	出现频次	市	出现频次	区（县）	出现频次
国务院	1	广东	0	广州	0	越秀	0
		江西	3	南昌	0	青云谱	0
		贵州	0	贵阳	1	开阳	0

科学术和技术带头人、青年科学家培养计划和优势科技创新团队建设计划，到2015年，培育10名院士后备人才、15名科技经营复合型人才、50名学科带头人、100名青年科学家、100个优势科技创新团队"。贵阳政府在"十二五"规划中1次谈及了"科学家"，即为"带动新兴学科的战略科学家和领军人才来华创新创业"。除此之外，其余几大省市区均未涉及这一内容。

（4）市县级政府是落实"科普"的薄弱环节

总的来看，市县级政府是落实"科普"的薄弱环节。在中央政府"十二五"规划中，"科（学）普（及）"一词出现了2次，其内容为："加强科普基础设施建设，强化面向公众的科学普及"（见表10）。

表10　不同地区政府"十二五"规划"科（学）普（及）"一词出现频次

单位：次

中央	出现频次	省	出现频次	市	出现频次	区（县）	出现频次
国务院	2	广东	2	广州	0	越秀	3
		江西	5	南昌	4	青云谱	0
		贵州	1	贵阳	0	开阳	0

如表10所示，在省一级政府"十二五"规划中，"科（学）普（及）"一词也多次出现，其中，广东的"十二五"规划中出现

2次，江西的"十二五"规划中出现5次，贵州的"十二五"规划中出现1次。市一级政府中，除了南昌以外，广州和贵阳两地政府的"十二五"规划均未论及"科（学）普（及）"；县一级政府中，除了越秀以外，青云谱和开阳两地政府的"十二五"规划也未论及"科（学）普（及）"。

（5）中西部地区政府对"发明专利"缺乏认识和重视

中西部地区政府对科技发展指标的"发明专利"一项还缺乏足够认识和重视。中央政府"十二五"规划用专栏的形式列出了"'十二五'时期经济社会发展主要指标"，其中"科教指标"一栏有两项指标隶属于科技方面，分别为：研究与试验发展经费支出占国内生产总值比重和每万人口发明专利拥有量（见表11）。

表 11　不同地区政府"十二五"规划"发明专利"指标出现情况

	省	出现与否	市	出现与否	区（县）	出现与否
东部地区	广东	√	广州	√	越秀	√
中部地区	江西	×	南昌	×	青云谱	×
西部地区	贵州	×	贵阳	×	开阳	×

注：出现为√，未出现为×。

各级地方政府在列举其"'十二五'时期经济社会发展主要指标"时，也几乎全部列出了"研发支出"这一项（青云谱区除外）。不过，就"发明专利"这一项内容的情况来看，在东部地区，广东、广州和越秀三级政府都在"十二五"规划中明确提及这一指标；不过，中西部地区的三级政府，基本上都并未论及这一内容（见表11）。

5. 规划中的"科学"：引领方向分析

（1）地方政府贯彻落实科学发展规划，强项是"造就创新型科技人才"，弱项是"推动重大科学技术突破"

地方政府贯彻落实科学发展规划，其引领方向有弱有强，其强项是"造就创新型科技人才"，弱项是"推动重大科学技术突破"。如前所述，在国务院颁布的《国家中长期科学和技术发展规划纲要（2006～2020年）》中，共计提及了六大方面的科技发展规划，分别是：前沿技术、基础研究、科技体制改革（创新体系建设）、科技政策、科技平台和科技人才。中央政府的"十二五"规划，进一步将其归纳为以下五方面：推动重大科学技术突破、深化科技体制改革、加强科技基础设施建设、强化科技创新支持政策以及造就创新型科技人才。换言之，中央政府正是从这五方面引领科学发展的（见表12）。

表12 政府"十二五"规划"科学"引领方向一览

	中国	广东	广州	越秀	江西	南昌	青云谱	贵州	贵阳	开阳
推动重大科学技术突破	√	√	√	×	√	√	×	√	×	×
深化科技体制改革	√	√	√	√	√	√	√	√	√	×
加强科技基础设施建设	√	√	√	√	√	√	√	×	√	×
强化科技创新支持政策	√	√	√	√	√	√	√	×	√	√
造就创新型科技人才	√	√	√	√	√	√	√	√	√	√

注：出现为√，未出现为×。

如表12所示，9个地方政府的"十二五"规划，基本都涵盖了"造就创新型科技人才"这一项；而"推动重大科学技术突破"这一项，有4个地方政府并未提及；其余3项，"深化科技体制改革"、"加强科技基础设施建设"、"强化科技创新支持政策"，9个地方政府中，分别有1个、2个和1个政府未曾涉及。

（2）县级政府是贯彻落实科学发展规划最薄弱的环节

县级政府恰好构成了贯彻落实科学发展规划最薄弱的环节。如前所述，贯彻落实科学发展规划，中央政府提及了五大方面。省市

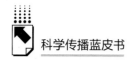

两级政府在具体贯彻落实时虽说有所遗缺，但总体覆盖情况还算较高（见图5）。

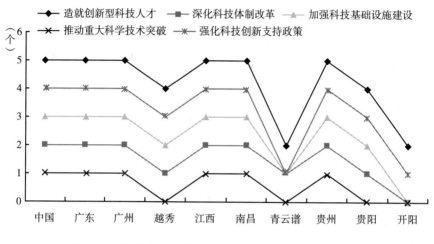

图5　政府"十二五"规划"科学"引领方向一览

相比之下，县级政府遗漏的选项尤其较多。如图5所示，越秀、青云谱和开阳恰好构成了三个"洼地"。

四　调查总结

（一）规范与规划的"两张皮"

调查发现，"科学"在当代中国的传播呈现出较为明显的"两张皮"的现象：根据主流意识形态及其代言人的规范性主张，"科学"被视为"第一生产力"，被纳入"国家发展战略"，被置于现代化建设成败之关键一环；然而，在按照主流意识形态层层制定的"十二五"发展规划纲要里，"科学"的重要性和显著性遭遇了层层稀释，其丰富内涵也随着传播的推进而渐渐流失。按照理想的传播状态，"规范中的科学"与"规划中的科学"本应是等量同价的，但事实上的结果恰恰相反，这种"科学"在传播过程中的两种表象或变现，被我们称为规范与规划的"两张皮"现象。

从规范层面看，中共历届领导人都极为重视"科学"，他们对"科学"本身的认识，也经历了由浅入深和日渐丰满的过程。作为"五四"激进反传统的旗手和中共的早期领导人，陈独秀将中国在近代的落后归因于科学不兴、民主不举，他率先提出了引"科学"之药治国人精神之"疾"的思想主张，这无疑为"科学"进入中国主流意识形态的话语体系打开了一扇思想之窗。毛泽东则将科学的兴废与无产阶级革命与现代化建设的事业兴衰系于一身，并从国家政权的高度提出了"向科学进军"的号召，科学得以正式进入政治体系。邓小平将科学的重要地位提升归纳为"第一生产力"的高度，科学的重要性得到了史无前例的重视。江泽民将"科学"的本质定性为创新，推动科教兴国，大兴科普之风，这为我们进一步推动科学的发展、拓展科学的空间、挖掘科学的功能指明了方向。胡锦涛提出"科学发展观"，力倡以人为本，将科学精神与人文精神有机统一起来。习近平从国家发展战略的高度，提出将创新驱动发展战略落到实处，对加快科学技术的发展突破，提出了切实可行的具体要求。

然而，从规划层面看，由中央到地方，政府对"科学"的重视、挖掘和弘扬，呈现出层层递减的势头。调查显示，中央政府对"科学"的关注度高于地方政府，市、县级政府对"科学"的关注整体偏少；地方政府对"科学"的重视度整体也不高；覆盖面方面，地方政府在宣传"科学"时，其政治口号远远大于实际举措，"科学精神"、"科学家"、"科普"等重要内容，都是地方政府"十二五"规划的薄弱环节。

总之，"科学"在当代中国传播时所呈现出来的"两张皮"现象，需要引起足够重视。

（二）科学在中国的"传播失灵"

资源的配置、公共服务的提供会出现"市场失灵"、"政府失灵"和"志愿失灵"等问题。同样，信息资源的配置也会出现"传播失灵"的困境。具体来看，科学在中国政治体系内的"传播失灵"，是上层"规范"对"科学"的强重视与下层"规划"对"科学"的弱重视同时并存的根本原因。

传播失灵是指特定社会系统下结构性功能缺失引起的资讯短缺及信息传递失真、扭曲，进而导致沟通不畅、资源配置无效率的状况。就其具体发生的层次来看，传播失灵可能体现在大众传播层面，也可以表现在非大众传播层面。[①]

组织层面的传播失灵，主要是指组织中的沟通失效。它表现为信息缺失、信息失真、信息滞后等具体形式。其产生的根源在于，由于组织制度、文化及组织成员的个人因素，组织中的沟通并非畅通无阻。例如，一条准确性100%的信息，从高层管理者传输到基层的接受者，其最终的准确性可能只剩下20%左右。

而从组织社会学的视角来看，影响信息传播功能和质量的因素，可以从组织结构方面加以寻找。目前，这方面的研究成果可谓数目众多。戈登·塔洛克的研究就表明：在一个金字塔形的科层结构下，基层员工收集的信息经过层层过滤传到上级手中时，最后剩下的只是其中的一小部分而已。为此，他还做了一个形象说明：在最初层级中收到的信息共计5000位，每经一个层级几乎都会删除一半信息量，到了第六级，剩下的信息连80位也不到。显然，这种过程中的过滤和歪曲是十分严重的。[②] 为此，政治学家 Robert

---

① 潘祥辉：《论传播失灵、政府失灵及市场失灵的三角关系——一种信息经济学的考察视体》，《现代传播》2012年第2期。

② Anthony Dows, *Inside Bureaucracy* (Calif.：RAND，1967)，p.117.

Corner 和 Larry Spence 得出结论说："层级沟通机制可能在一定抽象意义上是'理性'的，但根据人类沟通理论，层级沟通不符合信息成功交换的基本规则。"①

科层制的组织结构，是造成科学在中国政治体系"传播失灵"的重要原因。著名政治学者俞可平就曾指出，我国现存政治沟通体制存在一些弊端，其中就包括"政治信息对流量严重不足、政治信息在传送过程中噪声多、损失重、失真大、灵敏度低、正负反馈调节严重失衡"等问题。② 而走出科层制所导致的"传播失灵"困境，其方式方法很多，一般包括减少传播层级，增进传播公开，构建政策反馈平台，加强政策传播法制化和规范化等。

五　政策建议

（一）加强重视，确立组织内传播科学的新机制

1. "科宣指标"纳入地方政府政绩考核

改革开放以来，GDP 成为地方政府的行为导向。其主要原因在于，GDP 不仅是上级政府考核下级政府政绩的主要指标，还构成了地方政府财政来源的基础。全国上下都在实施赶超式、跨越式发展战略，发展经济更是成为地方政府的首要职能。社会管理、公共服务（其中当然包括科学普及）等职能，则长期被置于次要地位，甚至有意无意被忽略。事实上，单就经济发展而言，也包括速度、质量和效益等多因素，但长期以来，增长速度一直是经济发展的主要

① Robert E. O', "Corner and Larry Spence, Communication Disturbances in a Welfare Bureaucracy: A Case for Self-Management," *Journal of Sociology and Social Welfare* 4 (1976): 182.
② 俞可平：《论当代中国政治沟通的基本特征及其存在主要的问题》，《政治学研究》1988 年第 3 期。

指标，科技进步和创新所带来的质量和效益的提高，则长期缺乏有效的衡量标准。我们的研究也表明，地方政府对"科学"的关注度和重视度都不够；"推动重大科学技术突破"，也构成了其贯彻落实科学发展观的一大弱项。因此，有必要将科学宣传指标（简称"科宣指标"）纳入地方政府的政绩考核体系，通过行之有效的制度安排，来确保科学在政府体系内顺畅传播，进而造福亿万民众。

2. 对地方政府主要领导人加强"科宣"培训

习近平同志曾经总结说："中国共产党人依靠学习走到今天，也必然要依靠学习走向未来。我们的干部要上进，我们的党要上进，我们的国家要上进，我们的民族要上进，就必须大兴学习之风，坚持学习、学习、再学习，坚持实践、实践、再实践。"在当下的体系中，干部培训是中国共产党坚持学习、增强修养、加强本领的重要手段。在中国，各级党校、行政学院、干部学院和一些综合性大学遍布31个省市区，干部培训一直都在持续进行。其学习内容除了马列主义、毛泽东思想和中国特色社会主义理论体系，还会围绕政府中心工作，聚焦每一项改革举措的实施战略，以应对不断变化的执政环境带来的考验和挑战。中国共产党通过全国的党校、行政学院和干部学院系统培训各级干部，传递最新精神和大政方针，实现对组织自身一体性和纪律性的强化，从而确保党和政府的政策意图得以准确地层层传递和贯彻下去。有鉴于此，各级党校、行政学院和干部学院在对各级地方主要领导进行培训时，一定要加强科学传播以及科技进步与创新等方面的课程设置，使中共中央所倡导的科学精神得以通过组织培训的渠道层层传递和落实。

3. 将地方政府的规划制定者纳入中央政府的规划制定队伍

研究表明，无论是衡量"十二五"规划纲要对"科学"的关注度和重视度，还是着眼于它对"科学"的覆盖内容和引领方向，中央政府都远胜于地方政府。"中华人民共和国国民经济与社会发展规划"是全国经济和社会发展的总体纲要，是具有战略意义的指导性文件。从方方面面来看，中央政府制定的"十二五"规划，其科学性、严谨性和指导性，值得地方政府的文件制定者好好学习。不过，要使中央政府的精神和方针层层传递，在基层落地生根，一个更有效的办法是，将地方政府的规划制定者纳入中央政府的规划制定队伍当中去，使之能够更为深切地体会中央政府制定规划的全程，从而将其规划制定模式层层复制，有效实施。

（二）增强合作，开辟跨部门宣传科学的新举措

1. 中组部、中宣部联合发文，号召向"科普标兵"学习，在全社会掀起宣传科学的新风尚

分批次、有计划地组织学习实践活动，这是我们党的一个优良传统。近年来，中组部、中宣部、中央创先争优活动领导小组等机构组织了一系列学习实践活动。在党中央的领导下，各地区各部门各单位高度重视，精心组织，掀起了学习杨善洲、罗阳、李林森等同志的热潮。有鉴于地方政府对科学精神的重要性认识不足、贯彻落实科普工作仍然乏力，要树立一批宣传科学、普及科学的标杆式典型人物，并由中组部、中宣部、中央创先争优活动领导小组等机构联合发文，掀起一波向"科普标兵"学习的热潮。各级地方政府要紧密联系实际，通过组织生活会、中心组学习、座谈交流、专题讨论等多种方式，增强学习效果，进一步推动形成学习先进、争当先进、赶超先进的浓厚氛围，从而在全社会掀起宣传科学的新风尚。

2. 中组部、人力资源与社会保障部、中国科协等部门联合行动，设立"中国科普奖"

为鼓励青年科技工作者奋发进取，促进青年科技人才健康成长，中组部、人事部、中国科协曾于1987年共同设立并组织实施中国青年科技奖。该奖项为鼓励青年科技工作者奋发进取、促进青

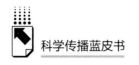

年科技人才健康成长做出了不可磨灭的贡献。据调查，高校、科研院所等一批"大家"之所以不愿意拿出自己的时间来从事科普，一个重要原因是科普工作性价比太低。在目前的科研考核体系和评价标准下，发表论文可以成为科研工作者评职称、提待遇的资本，花费同样的时间精力去搞科普，却收不到类似效果。2013年1月，我国首个经国家科技部批准、由民间团体出资、为表彰科普工作而设立的省市级奖项上海市科普教育创新奖（简称"上海科普奖"）颁奖。为进一步强化科普工作，可以酝酿设立"中国科普奖"，从而以更大的手笔鼓励一流人才进军科普、献身科普、发展科普，将"中国科普奖"打造成国家科技进步奖的"蓄水池"。

3. 中组部、国家互联网信息办公室、中国科协等部门协同作战，利用新媒体平台积极推进科普工作

科普工作是做人的工作的，人在哪儿重点就应该在哪儿。我国现有网民约6亿人，手机网民约有4.6亿人，其中微博用户3亿多人。很多人特别是年轻人基本不关注政府文件、主流媒体，他们的大部分信息都是从网上获取的。要正视这一现实，就必须尽快掌握在互联网这个战场上宣传和普及科学的主动权，真正成为运用现代媒体新手段新方法的行家里手。为此，中组部、国家互联网信息办公室、中国科协等部门要协同作战，利用新媒体平台，积极推进科普工作。通过政务微博、科普达人、专业网站等平台，适时适量发布科普信息，宣传科普知识，弘扬科学精神。

参考文献

〔加〕哈罗德·英尼斯：《帝国与传播》，何道宽译，中国人民大学出版社，2003。

〔美〕巴纳德：《经理人员的职能》，王永贵译，中国社会科学出版社，1997。

《邓小平文选》，人民出版社，1994。

《独秀文存》，安徽人民出版社，1987。

《列宁选集》，人民出版社，1984。

《马克思恩格斯选集》，人民出版社，1995。

《毛泽东书信》，人民出版社，1983。

《毛泽东选集》，人民出版社，1991。

《毛泽东早期文稿》，湖南人民出版社，2008。

龚育之等：《毛泽东的读书生活》，三联书店，1986。

江泽民：《江泽民文选》第3卷，人民出版社，2006。

江泽民：《论科学技术》，中央文献出版社，2001。

B.13
部委级政府机构形象的
微博呈现兼论科学与政府形象

中国科学传播报告课题组*

摘　要：

通过对2012年涉及部委级政府机构的微博实证研究，我们发现中央政府机构形象不佳，并处于舆论边缘，如果其成为舆论热点则往往与民相关，并会由突发事件升温，破坏政府形象。若要缓和这种舆论聚焦就需要回归科学理性，推进科学执政，进一步深入科学的传播。据此我们建议，政府形象更新关键在于增强科学执政的能力，科学执政就要增强政府开放性与公开性，要推进智库建设，综合运用微博媒介。

关键词：

政府机构形象　微博　科学传播

　　政府形象是政府在民众认知中形成的形象。广义的政府形象包括国家在国际的形象，即国家形象；狭义的政府形象主要是指本国民众通过对政府履行职能、施政执政表现进行认知与评价后产生的印象，是民众对政府行为的抽象反映。目前的研究主要从两个方

＊　执笔人：吴彬。

面，一是考察民众对政府本身行为的直接评价，二是通过考察传播媒介对政府形象的反映。总的来看，政府形象是以行政行为为基础形成的，民众通过直接与间接的方式认识政府的所作所为，且主要以间接方式，尤其是通过媒体的方式认知。不同媒体传播的形象有所差异，民众通过接受媒体的信息所建构的政府形象也不相同。

以往的研究主要针对传统媒体，而随着互联网的进一步发展，互联网所呈现的政府形象受到关注，并成为公民认知政府的重要媒介。同时由于互联网媒体具有自媒体的性质①，互联网媒体不仅可以呈现政府形象，公民还可以通过互联网对政府形象进行再建构，从某种程度说更接近于公民对政府的真实认知。因此对互联网媒体呈现的政府形象研究具有重要价值，但此方面的研究还比较少。从目前来看，微博是新兴的互联网媒介的重要组成部分，其影响力日渐增大，2013年上半年，新浪微博注册用户就达5.36亿。而且微博具有前所未有的全民性特点，因而可以说政府形象的微博呈现实际上是一种自下而上的，民众对政府评价在微博上的呈现。显然，政府形象在微博的呈现以及微博用户对政府形象的再建构是政府形象研究的重要组成部分和突破点。

形象问题是关乎执政地位的重要问题，政府形象与科学、事实息息相关，因此从政府机构的角度讨论科学、科学决策、科学传播是政府形象与科学传播的关键性问题。我国与科技相关的事务具有强烈的政府参与性，科学的三个重要层面——科学研究、科学应用、科学传播都由政府主导。这就导致了在中国，科学往往与政府

---

① 自媒体又称公民媒体，美国新闻学会媒体中心于2003年7月出版了由谢因波曼与克里斯威理斯两位联合提出的"We Media（自媒体）"研究报告，里面对"We Media"下了一个十分严谨的定义："We Media是普通大众经由数字科技强化、与全球知识体系相连之后，一种开始理解普通大众如何提供与分享他们本身的事实、他们本身的新闻的途径。"简言之，即公民用以发布自己亲眼所见、亲耳所闻事件的载体，如博客、微博、论坛、BBS、网络社区等。

联系在一起，提科学必提政府。因此我们讨论科学传播的时候实际上必须考虑政府因素。从科学传播的意义来说，最重要的就是要激发公众的主动性以及对科学的认可。这一方面要从受众的角度出发，使公众感受到科学的价值，并在生活中获得利益，另一方面也需要建构良好的科学形象。需要承认的是广大公众对科学掌握的比较少，因此对科学的形象构建往往是间接的，通过科学家、与科技相关的机构进行建构。而政府作为与科技紧密相连的机构，政府形象不可避免地会作为科学形象建构的参考依据。因此，政府形象与科学传播有重要的关联性。当然，科技与政府形象之间关系进一步的研究还有待展开。

从结构上看，我们认为政府形象应包括三个层面的内容，即基层政府、中央政府、政治制度。基层政府是政策实施的基础部门，而中央政府往往制定政策，两者的形象具有较大差异；从已有的研究看，中央政府的形象要远好于地方政府、基层政府的形象。而政治制度形象可以看作是实体组织之上制度的形象，也可以认为是中央政府的抽象化。本文主要关注的是中央实体组织形象的微博呈现以及中央实体组织与科学传播的关系。

一　编码设计依据与样本描述

我们的研究对象是中央政府实体组织，也就是中央（国务院）部委级机构。由于机构数量较多，不可能一一选取，因此我们除了选择与科技有非常紧密关系的三个机构（科技部、中科院、中国科协①）外，又随机抽取了八个机构作为研究对象。

① 中国科协不属于政府的序列而属中直系统，由中央书记处直接领导，但考虑到其与科技联系密切，且是政府科学传播的主要承担者，因此将其列为研究对象。

它们是知识产权局、环保部、卫生部（含计生委）、能源局、水利部、住建部、国资委、气象局。微博媒介选择新浪微博①，时间跨度设为 2012 年 1 月 1 日至 2013 年 1 月 1 日。因此，本研究的研究总体为 2012 年 1 月 1 日至 2013 年 1 月 1 日新浪微博中关键词为科技部、中科院、中国科协、知识产权局、环保部、卫生部、能源局、水利部、住建部、国资委、气象局的原创微博②。

鉴于连续性与微博特点的考虑，选择一条微博作为分析单位③，其中微博不包括其他人做出的评论，仅包括主体本身。分析单元抽取方法为随机抽取。为保证比较均匀的从一年中抽取到样本，本研究采用的是分层随机抽样的方法。由于 2012 年涉及各机构的微博数量从几百到几十万不等，因此我们规定一年内搜索到的微博在一万以下的则从每个月抽取 20 条有效微博，一年内搜索到的微博在一万以上的则从每个月抽取 100 条有效微博。有效微博是指确实涉及中央政府机构的微博，因此抽到的微博进行人工筛选，筛去只是包含机构名称但明显不涉及中央政府机构的微博，如学校的科技部。

我们将内容分析的类目分为三大部分，即微博基本资料、微博客观内容分析及微博主观内容分析。简略的编码表见表 1。

---

① 新浪微博是一个由新浪网推出，提供微型博客服务的类 Twitter 网站或应用。国内主要的微博运营商包括新浪微博、人民微博、搜狐微博、网易微博、腾讯微博，我们选择新浪微博主要是因为新浪微博是国内首家运营的微博，用户数最大，分类与认证具有代表性。

② 为保证样本的完整性，我们在搜索时不仅搜索了各机构的全称，也搜索了各机构的简称，如中国科学技术部、中国科技部。

③ 分析单位在社会学研究中指的是描述和解释的个体单位，对分析单位的确定是进行抽样的基础。作为社会研究的基本要素，对分析单位的选择与确定乃是研究设计的一项重要内容，分析单位是否合适、能否清晰地界定与使用，直接关系到研究结果的有效性，甚至在很大程度上决定了整个研究的成败。

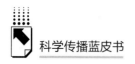

表1　微博编码表

微博基本资料	微博发布时间:年月日
	发布人属性:①非V用户②加V个人③加V组织
	发布人地域:省市级区划、国家
微博客观内容分析	话题类型:①与科技相关②与科技无关
	话题源的图文构成:①只有文字②文字＋图片
	话题与涉及主体相关程度:①出现主管领导②出现除主管领导外的其他具名成员③只现出组织名称④出现不具名成员
微博主观内容分析	话题发布目的:①表达批评意见②表达赞扬意见③信息发布与传播④信息解释⑤对策建议⑥多种目的⑦无明显目的
	话题的倾向:①正面为主②负面为主③无明显倾向
	话题与发布人相关程度:①相关②不相关

编码的结果经过两位编码员的检验,内部信度检验为0.81。编码的结果使用SPSS进行处理。

样本抽取情况见表2。

可见中国科协、知识产权局、能源局、水利部在微博中涉及的次数较少,与其他部门有较大差异。

微博发布人属性见表3。

表2　样本抽取情况

单位:条

机构名称	2012年搜索到的微博数	抽取条数
科技部	84084	1200
中科院	209296	1200
中国科协	941	240
知识产权局	1552	240
环保部	889920	1200
卫生部	496048	1200
能源局	912	240
水利部	895	240
住建部	435927	1200
国资委	164800	1200
气象局	235664	1200

表3 微博发布人属性

单位：%

机构名称	非 V 用户的比例	加 V 用户的比例	加 V 组织的比例
科技部	45.6	8.1	46.3
中科院	76.3	8.3	15.3
中国科协	44.2	8.3	47.5
知识产权局	55.0	7.9	37.1
环保部	55.6	9.3	35.2
卫生部	74.7	10.8	14.2
能源局	52.1	6.3	41.7
水利部	51.7	6.7	41.6
住建部	48.7	9.9	41.4
国资委	67.2	9.2	23.5
气象局	77.4	6.5	16.1

微博发布人主要以非 V 用户和加 V 组织为主，通过与其他数据对比发现，与其他社会组织相比，涉及中央政府机构的微博，其发布人中组织所占的比例较高。

微博发布人地域见表4。

表4 微博发布人地域

机构名称	发布人最多的城市	发布人第二多的城市	发布人第三多的城市
科技部	北京	上海	深圳
中科院	北京	上海	广州
中国科协	北京	上海	广州
知识产权局	北京	杭州	广州、深圳
环保部	北京	上海	广州
卫生部	北京	上海	深圳
能源局	北京	上海	深圳
水利部	北京	上海	广州
住建部	北京	上海	广州
国资委	北京	上海	广州
气象局	北京	上海	广州

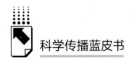

显然，北京、上海、广州是评论、报道与中央政府机构相关事务、议题的主要来源地。

微博话题类型见表5。

表5　微博发布人地域

单位：%

机构名称	与科技相关的比例	与科技无关的比例
科技部	90.3	9.7
中科院	62.3	37.7
中国科协	85.0	15.0
知识产权局	77.9	22.1
环保部	84.1	15.9
卫生部	89.8	10.2
能源局	88.4	11.6
水利部	71.3	28.7
住建部	79.9	20.1
国资委	88.6	11.3
气象局	88.1	11.9

涉及政府机构的微博内容与科技相关的均占60%以上，也就是说从微博内容看，中央政府机构均与科技有密切联系。

微博图文构成见表6。

表6　微博图文构成

单位：%

机构名称	只有文字的比例	文字＋图片的比例
科技部	67.4	32.6
中科院	59.4	40.6
中国科协	64.4	35.6
知识产权局	74.6	25.4

续表

机构名称	只有文字的比例	文字＋图片的比例
环保部	58.1	41.9
卫生部	66.9	33.1
能源局	75.0	25.0
水利部	62.9	37.1
住建部	67.8	32.2
国资委	72.3	27.6
气象局	70.4	29.5

涉及政府机构的微博主要以文字形式为主，图文形式也并不少，与普通微博相比没有比较明显的差异。

话题与涉及主体相关程度见表7。

表7　话题与涉及主体相关程度

单位：%

机构名称	出现主管领导名字的比例	出现除主管领导外的其他具名成员的比例	只出现组织名称的比例	出现不具名成员的比例
科技部	12.0	3.1	84.4	0.5
中科院	1.2	17.5	77.3	4.1
中国科协	4.6	3.8	90.4	1.3
知识产权局	18.3	4.6	75.8	1.3
环保部	6.1	2.8	89.3	1.8
卫生部	16.5	4.2	75.7	3.6
能源局	11.7	0.4	85.0	2.9
水利部	26.3	5.4	68.3	0.0
住建部	6.4	6.7	86.4	0.5
国资委	9.4	2.2	86.2	2.2
气象局	3.6	1.6	91.7	3.1

涉及政府机构的微博，大部分仅出现机构名称，出现机构成员的情形相对较少，也就是说发布人将机构看为一个整体，没有刻意

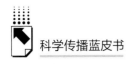

区分机构与机构成员。

话题发布目的见表8。

表8　话题发布目的

机构名称	比例最高的目的	比例第二高的目的	比例第三高的目的
科技部	信息发布与传播	表达批评意见	无明显目的
中科院	信息发布与传播	表达批评意见	表达赞扬意见/对策建议
中国科协	信息发布与传播	信息解释	表达赞扬意见
知识产权局	信息发布与传播	表达批评意见	表达赞扬/对策建议
环保部	信息发布与传播	表达批评意见	对策建议
卫生部	信息发布与传播	表达批评意见	对策建议
能源局	信息解释	信息发布与传播	对策建议
水利部	信息发布与传播	表达批评意见	表达赞扬/对策建议
住建部	信息发布与传播	信息解释	对策建议
国资委	信息发布与传播	信息解释	表达批评意见
气象局	信息发布与传播	表达批评意见	无明显目的

可见微博的发布目的主要以信息发布与传播、表达批评建议与提建议为主。

话题与发布人相关程度见表9。

表9　话题与发布人相关程度

单位：%

机构名称	话题与发布人相关的比例	话题与发布人无关的比例
科技部	55.40	44.60
中科院	44.20	55.80
中国科协	32.70	67.30
知识产权局	41.30	58.70
环保部	81.20	18.80
卫生部	75.20	24.80
能源局	67.40	32.60
水利部	54.70	45.30
住建部	78.90	21.10
国资委	75.30	24.70
气象局	83.20	16.80

微博发布者发布的微博微博与其自身相关程度较高，除中国科协、中科院、知识产权局外，相关的比例都在50%以上。

三　研究发现

（一）中央政府机构形象不佳

1. 对部委机构持负面评价的微博的比例比较高

调查发现，微博用户对中央（国务院）部委机构的评价中，负面评价占主导位置。在有明显倾向的微博中，用户给予负面评价所占的比例均较高，详细数据见表10与图1。

表10　微博评价倾向

单位：%

机构名称	负面评价占有倾向微博的比例	正面评价占有倾向微博的比例
科技部	95.31	4.69
中科院	93.75	6.25
中国科协	64.94	35.06
知识产权局	96.00	4.00
环保部	99.50	0.50
卫生部	93.33	6.67
能源局	91.67	8.33
水利部	89.19	10.81
住建部	93.33	6.67
国资委	90.32	9.68
气象局	89.30	10.70

可见我国部委机构的网络形象并不乐观。我国政府形象恶化引起政府和学术界广泛的关注，一般认为其原因包括：社会不公现象增多、政府不作为与乱作为、官员贪腐、信息渠道增加等。但是本

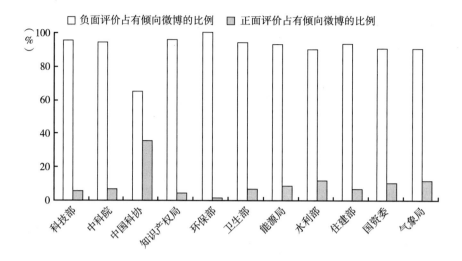

图1　微博评价倾向

次调查显现出了新的问题：以往研究表明政府机构中地方（基层）政府是负面评价的主要对象，而中央机构的形象比较好。本次调查显示中央机构的好形象正在恶化，这是非常值得关注与重视的趋势。这意味着从基层到中央，从组织到制度的形象都在恶化，尤其是微博媒介中对政府的批评是全方位的。

2. 负面评价以情绪化批评为主

　　我们进一步分析负面评价发现，微博用户的负面评价主要以情绪化的、非理性化的形式出现。详细数据见表11与图2。

表11　负面评价中情绪化与理性表达情况

单位：%

机构名称	负面评价中理性评价的比例	负面评价中情绪化评价的比例
科技部	15.5	84.5
中科院	17.7	82.3
中国科协	27.8	72.2
知识产权局	18.6	82.4

续表

机构名称	负面评价中理性评价的比例	负面评价中情绪化评价的比例
环保部	1.1	98.8
卫生部	3.7	96.3
能源局	5.6	94.4
水利部	15.9	84.1
住建部	2.5	97.5
国资委	3.3	96.7
气象局	18.6	81.4

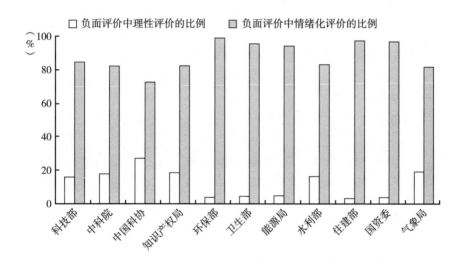

图2 负面评价中情绪化与理性表达情况

　　显然，对部委机构的微博负面评价有情绪化的特点。其原因是多方面的，在已有的针对网络舆论的研究表明，网络舆论具有情绪化、随意性的特点。因为年轻人是网络舆论活跃的主体①，往往激情有余、理性不足，而且网络舆论变动速度很快，人们几乎来不及冷静思考、深入分析就仓促发表意见。微博作为网络的组成部分，

――――――――――

　　①　目前我国网民中有77%为35岁以下的年轻人。

必然继承了这样的特点，加之微博碎片化、情感化的固有特性以及部分"公知"的不当引导共同组成了引起微博评论情绪化的客观因素。但是我们并不能认为这种批评毫无意义，对政府的情绪化批评也说明了评论者对政府印象并不佳，而情绪化的评论成了这种负面印象的情感宣泄。如果这种负面印象持续蔓延，势必会严重恶化民众对政府的信任程度。

3. 情绪化主要表现为"冷嘲热讽"、"翻旧账"、"一棍子打倒"

我们深入分析了情绪化负面评论的微博后发现，这类微博具有"冷嘲热讽"、"翻旧账"、"一棍子打倒"的特点。具体来说就是微博发布者会在批评其不认可的政府行为时，会列举许多类似事件，会运用比较尖锐的话语、反语等，会依据个人好恶和情感将个别政府行为给整个政府贴上负面标签。例如：

> "砖家一出来，大家就要谨慎了：（龙江镉污染－追踪）环保部专家认为，目前污染范围有限，还不会影响到柳江下游的浔江、西江，更不会影响粤港澳地区水源安全。"

这说明对政府的不信任感已经在相当多的网民中扎根。考虑到我国网名数量众多且以年轻人为主，这种不信任状态如果持续发酵将导致政府失去整个网络舆论阵地，并强烈映射到现实社会。

（二）与民相关的行为是舆论热点，突发事件则是燃点

1. 负面评价的来源包括"受牵连"、施政行为、政策

从负面评价的来源或诱因上分析可以分为两个部分：直接相关与间接相关。

（1）间接相关类似于"背黑锅"或者连带批评

①作为中央政府在具体领域的代表而成为批评者是对整个政府不满的发泄处，如微博"北京又雾霾了，环保部真是吃干饭的，政府就是光收税不办事"。

②处于前台而为多个机构的共同决策"背黑锅"，如微博"【凤凰资讯】环保部：缺钱是监测 PM2.5 最大障碍 http：//t. cn/Sijwnq 三公消费眉头从不皱一下，这时候倒哭起穷来。"其中环保部为整个政府的三公经费背了黑锅；又如微博"发改委：让物价飞。中石油：让油价飞。住建部：让房价飞。税务局：让税赋飞。粮食局：让粮油飞。富士康：让员工飞。百姓：让眼泪飞……"显然发改委、住建部为多个部门的决策"买单"。

③基层政府执行政策不当引起的连带批评。如微博："说好的保障性住房呢，又被市政府吃了，住建部真应该改名房地产部，专门负责抬高房价。"

（2）直接相关则是指政府机构自身行为引发批评

①机构政策制定引发批评，如微博"如果这样需要领导挥刀自宫的问题靠规定就能解决的话，那中国早不存在问题了，又是作秀，他们擅长的！卫生部出台禁令防止领导干部私利与公利冲突http：//t. cn/SiNNHP。"

②机构的行政行为引发批评，如微博"黄牌顶屁用？这个难道不是要罚钱？要大力地罚钱？每年都吃黄牌什么时候能给张红牌彻底罚下？估计不敢！！！！真是毫无意义的黄啊！//中石化两分公司再吃环保黄牌被提请环保部挂牌督办 http：//t. cn/zWvIgtR。"

③机构成员不当行为引发批评。如微博"开了三天会，科技部的砖家主要负责来吃喝玩乐了。"

④负面评价与知名度无明显关系。在已有的研究中常会研究组

织的知名度与美誉度，并认为组织的知名度与美誉度是评价一个组织形象的重要指标，是相辅相成、不可分割的①。但是，已有的研究表明两者往往并不统一，且不同媒介呈现出的关系也有差别，因此有必要从微薄媒介的角度研究部委级机构的知名度与美誉度。本文中，我们认为2012年全年关键字包含我们研究机构的微博数可以反映其知名度，而利用具有负面倾向占有倾向微博的比例作为美誉度的衡量指标。各机构的知名度与美誉度情况如表12。

进行相关性分析表明两者并没有相关性，也就是说微博中出现率高的政府机构并不意味着其更容易获得正面评价。进一步通过散点图（见图3）分析。

表12　各机构知名度与美誉度

单位：条，%

机构名称	涉及微博条数(知名度)	负面倾向占有倾向微博的比例(美誉度)
科技部	84084	95.31
中科院	209296	93.75
中国科协	941	64.94
知识产权局	451552	96.00
环保部	889920	99.50
卫生部	496048	93.33
能源局	912	91.67
水利部	895	89.19
住建部	435927	93.33
国资委	164800	90.32
气象局	235664	89.30

---

① 所谓组织的知名度，是指一个组织被公众知道了解的程度；而美誉度是指一个组织获得公众信任、接纳、好感还有受欢迎的程度。

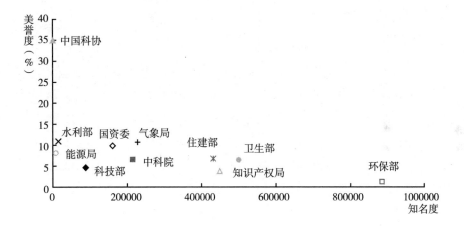

图 3 各机构知名度与美誉度散点图

从图 3 看，除中国科协与环保部外，其他机构在知名度与美誉度方面比较趋同，差异相对较少，可以看作一类机构进行分析而暂不考虑其知名度对其美誉度可能的影响。

3. 与民众生活联系紧密的部委更易受到负面评价

我们对微博的倾向、内容与微博用户的关系做交叉分析发现①，与民众生活联系比较紧密，直接影响民众的政策与行为更易受到负面评价，见表 13 与图 4。

表 13 微博倾向、内容与微博用户关系的交叉分析

单位：%

机构名称	话题与发布人相关		话题与发布人无关	
	负面倾向为主	正面倾向为主	负面倾向为主	正面倾向为主
科技部	96.55	3.45	93.77	6.23
中科院	94.27	5.73	93.34	6.66
中国科协	84.97	15.03	55.21	44.79
知识产权局	97.22	2.78	95.14	4.86

---

① sig＜0.05，两类别有显著差异。

续表

机构名称	话题与发布人相关		话题与发布人无关	
	负面倾向为主	正面倾向为主	负面倾向为主	正面倾向为主
环保部	99.64	0.36	98.90	1.10
卫生部	95.40	4.60	87.05	12.95
能源局	93.22	6.78	88.47	11.53
水利部	91.45	8.55	86.46	13.54
住建部	94.46	5.54	89.10	10.90
国资委	92.17	7.83	84.68	15.32
气象局	91.87	8.13	76.57	23.43

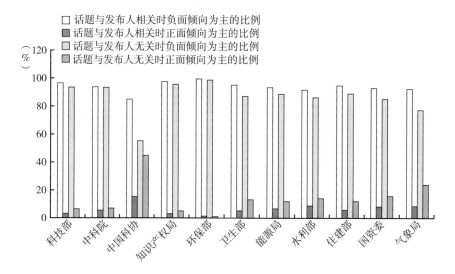

图4 微博倾向、内容与微博用户关系的交叉分析

其原因并不在于这些部门比其他部门更差,而是这些部门为多个机构共同决策的负面评价买单。如环保部与民众生活息息相关,其管理的领域环境污染却是整个社会所引发的问题,而民众会趋于将这些问题归因于环保部。又如房价高涨与多个利益集团、经济形

势、地方政府有关系，由于涉及方面众多，民众难以分辨，民众的批评会趋向于住建部与开发商。

4. 与突发事件有直接关系的部委会成为民众情绪发泄口

从抽取的样本中发现，与突发事件有直接联系的部委会被民众所声讨，其主要类型分为借机发泄型、逆反型、盲从型。这几种类型既可以单独出现，也可能复合出现。

借机发泄型：转型期的中国，改革阵痛不断，两极分化持续，社会不公加剧，经过媒体的放大，在一定范围内滋生出大量不满情绪。这种情绪往往通过突发事件爆发的时机发泄出来，对与其直接相关的政府机构进行冷嘲热讽的评论。简单地说不是就事论事，而是借机发泄。

逆反型：某些部门的公信力在一次次的不作为与乱作为中，挥霍殆尽，直接造成民众的不信任，无论其如何作为，人们都不吝以最坏的想法去揣测，对于其言行往往激发民众逆反心理，群起而攻之。典型的就是某些部门的辟谣、定性被视为推卸责任、"捂盖子"，引起民众更强烈反弹。如微博"美使馆说不健康，环保部说轻微污染，信谁?"

盲从型：许多在微博批评政府机构的人并无法说清自己的目的和动机，而只是"看着别人跑过去，我也跟着跑过去了"。这类群体极易受到意见领袖的引导。

（三）科学传播有助于缓和舆论聚焦

1. 涉及部委的微博常与科技相关

我们抽取的中央（国务院）部委包括管理科技的部门，如科技部、中科院等，也包括一些并不直接管理科技的部门，如住建部、能源局等。但是从涉及各部委的微博内容看，其与科技的相关性均较高，见表14与图5。

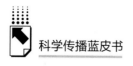

表14　各部委的微博内容与科技的相关性

单位：%

机构名称	与科技相关的比例	与科技无关的比例
科技部	90.3	9.7
中科院	62.3	37.7
中国科协	85	15
知识产权局	77.9	22.1
环保部	84.1	15.9
卫生部	89.8	10.2
能源局	88.4	11.6
水利部	71.3	28.7
住建部	79.9	20.1
国资委	88.6	11.3
气象局	88.1	11.9

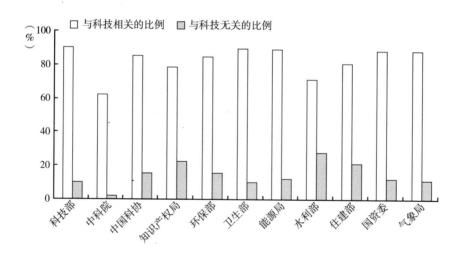

图5　各部委与科技的相关性

　　这也从另一个侧面说明，中央部委无论是否直接管理科技，其行政事务与科技都有密切关系，且科学执政至少包含运用科学方法执政、遵循科学规律执政、依托科技知识执政三个层面的意蕴。

2. 正面评价往往科学而理性

前文我们花费了大量篇幅谈论微博中负面倾向的微博，这并不意味着正面倾向微博不重要，恰恰相反，微博中的正面评价相对于传统媒介，由于减少了政治方面的考量①，往往更能接近普通民众的真实表达，也更容易抽取出具有建设性的部分。

从正面倾向的微博分析，具有正面倾向的微博能理性地思考问题而发现政府行为、政策中值得肯定的地方②。但是我们也注意到相当多的具有正面倾向的微博看似是对政府机构的正面评价，实际上是将政府机构作为自我表扬的一个论据。

3. 科学的论证缺失往往引发不信任

从对政府机构正面评价和负面评价两方面的情况看，决策信息公开的方式会对微博评价倾向产生明显影响。一种模式是机构只公布决策结果，给民众信任或者不信任两种选择，如微博"【卫生部仍拒公开生乳国标会议纪要　申请人再起诉】卫生部的一帮砖家吃吃喝喝随意搞了个国标，当然不敢"，发布人对卫生部拒绝公开乳制品国标而只公布市场中的乳制品是否合格表示不满，因为不公布标准对其而言意味着无法做出自己的判断，只有相信或者不相信卫生部两种选择，这种选择引发了微博发布者的负面评价。另一种是给出决策的依据与论证，给予社会讨论的余地。从抽取的样本看，第一种模式民众往往选择习惯性不信任，并贴上"拍脑袋"、"乱作为"的标签，给予负面评价。第二种模式比较容易得到正面评价，即便有负面评价也以理性讨论和对策建议的形式呈现。

---

① 传统媒体有较严格的新闻审查制度，受政府部门的影响也比较大，因而常常有宣传性、赞美性的报道。

② 实际上对政府的正面评价实际上也不乏非理性的，但是对于我国政府高度赞同的群体往往会对制度或者抽象化的政府做出肯定评价，而不是针对政府实体；而另一些网络评论员对政府的赞美又集中于地方政府。因此，才会出现针对中央实体政府机构的正面评价相对比较理性。

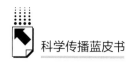

四　对策建议

政府形象直接反映政府的行政理念和行政能力，是政府得以正常运行的基本条件。网络时代，政府形象面临更多的挑战，影响政府形象的因素也变得更为复杂。可以说我国政府机构在新形势下由于自身建设的不足以及对网络时代准备不足共同引发了政府形象危机。这种情形下，如何重塑政府形象已经成为当务之急。就政府形象的生成过程来说，加强政府机构自身管理、监督是根本的措施，增强科学执政的能力则是关键性的手段。为增强报告的实用性，本报告将从一些较为具体的方面给出对策建议，以期政府机构能更好地更新自身形象。

（一）坚持科学执政，扎实推进决策的开放性与公开性

作为中央政府机构，决策是其运行的基本职责，决策是否公开、科学将是决定人民群众是否支持的最重要因素。因此要更新政府机构形象，就需要增强决策的科学性与公开性。如果政府机构不能实现公开、科学的决策，老想着怎么愚弄群众，把政府胡乱决策失败后的成本转嫁到群众身上，那么我党执政的根基就会被动摇。期望通过行政命令、花言巧语解决政府形象问题无异于缘木求鱼，是给别人吃药来治自己的病。

1. 与群众联系紧密的政策应附政策解读

中央政府机构制定的政策是民众构建政府形象的重要依据，与群众生活直接相关的政策更是会引发全社会的关注，可以说是形象构建的重要节点。但政策文件由于其自身特点与篇幅限制，往往着重结论与措施，决策依据及相关衍生的影响很少谈及，而且其文字的书面性、专业性较强。这时候就需要政策解读为民众答疑解惑。

实际上，综观政府机关网站一般都有政策解读栏目，但细观之，这些栏目往往存在很多问题：（1）政策解读多为转载，缺乏政策制定者、决策人对其政策的解读；（2）政策解读多为附和性、宣传性的，不是本身政策制定者对政策的进一步补充说明和阐述决策依据，甚至一部分所谓的政策解读就是自我表扬；（3）政策解读主要应用的是官方语言，实际上没有起到向民众传播的作用。因此我们建议中央各部委应设立相关政策解读制度，确认政策颁布者有附带发布通俗易懂，阐述其制定政策依据的政策解读的职责。在政策涉及比较专业的科学知识时，政府部门应自己或委托智库进行科学传播，以增强民众对政策的认同和理解。这实际上也是科学决策的重要举措，一方面是对"拍脑袋"决策的巨大威慑，另一方面也是对政策起草者的监督①。

2. 中央政府机构应建立与基层机构轮岗的长效机制

政策的科学性源于实践，实践出真知在政策制定环节同样适用。目前我国民众对基层执政的意见比较大，其中的一个重要问题就是政策脱离实际，不具备实用性和可操作性。因此有必要使政策制定者和政策实施者换位，一方面通过基层工作增强政策制定者制定政策的实用性，另一方面通过中央工作增强政策实施者对政策意图的理解。目前这种轮换机制主要存在于市一级政府，在中央机构应用较少，而且这种轮岗往往比较短，效果不明显；人员流动少且轮岗时间不固定；不注重轮岗人员教育，以致有的人认为下基层是一种惩罚；且轮岗往往不涉及官员。这些问题都极大削弱了轮岗的实际效用。因此我们建议中央政府机构应建立与基层轮岗的长效机制。

---

① 政府的决策草案往往不由政府机构本身制定，或者由下级机构，或者由政府外组织起草并由政府审阅后赋予权威性。这就是有人笑称"国家政策由处长制定"的缘由。因此公开科学决策的过程可以为决策草案的制定提供额外的监督。而且，因为上级审阅处于"一对多"的状态，而公众监督处于"多对一"的状态，因此更容易发现问题。

将轮岗规范化、长期化，并确定除少数确有需要的同志外全员分批下基层轮岗，同时抽调基层公务员至中央机构轮岗。轮岗时间不宜太短，并做好轮岗人员的思想教育，使他们认识到轮岗对于其工作的重要意义。这实际上也是中央机构贯彻党中央群众路线的重要实践。

3. 中央政府机构应建立统一的政务交流平台

政策制定需要征求多方面的意见，决策需要充分汲取政府之外的智慧。我国目前社会各方面参政议政的渠道比较少，对政策的意见建议往往分散于各媒体，很难为领导所知晓。虽然中央各部委网站均有交流平台，但所起的作用不明显，关注度不高，民众没有参与的积极性。因此我们建议中央政府机构联合建立政务资讯平台，统一管理。该平台要成为与民众交流的平台，向民众宣传政策科学依据的平台，汇集各媒体对政策意见、建议的平台。平台建设既可以依托现有交流栏目的整合，也可以与其他知名媒体联合建立。

（二）建设智库体系，积极增进决策的科学化

加强智库建设的基本逻辑是承认政府自身的局限性，不把政府视为"全能冠军"，什么事情都能处理。因此政府也需要专业的机构为其施政、决策提供帮助，这些专业机构的代表首推智库。智库是一种特殊生产知识和思想的组织，能充分发挥专家学者的智力资源，形成跨学科的辅助决策体系。刘延东同志在繁荣发展高校哲学社会科学推动中国特色新型智库建设座谈会上指出，"建设中国特色新型智库是服务党和政府科学民主决策、破解发展难题的迫切需要，对于坚持和发展中国特色社会主义、提升国家软实力、全面建成小康社会具有重要意义。""要创新体制机制，加强平台建设，强化协同创新，增强内生动力，推动形成特色鲜明、结构合理、形式多样的智库发展新格局。"

我国的智库组成包括官方智库（政府机构直属的事业单位）、

高校智库（大学附属的研究组织）与民间智库（民办非企业单位法人）。目前来看主要是官方智库在发挥智库功能，但由于其非独立身份，这种建言献策的作用往往被异化为对政策的解释性阐述与对领导思想的揣测。高校智库又常被认为不接地气，过于学术。而民间智库则还处于建设的初级阶段。

1. 鼓励民间智库建设

在发达国家，民间智库由于具有客观、独立的特点，在政策制定的过程中往往发挥举足轻重的作用，是决策科学化、民主化的重要措施。与体制内的智库相比，民间智库更容易直指政府决策的缺漏之处，思想更为活跃、观点更加鲜明、视野更加开阔。由于民间智库扎根民间的特点，更容易从公众的角度发出声音。我国政府在进一步加强决策的科学性、民主性、公正性时离不开民间制度的参与，只有进一步推动民间智库发展，才能形成完善的社会主义特色建言献策体系。我们建议政府要进一步明确民间智库的法律和社会地位；加强民间智库的多元化资助渠道，如合同购买、基金资助等形式；鼓励民间智库对政策的不可行性进行研究①。

2. 完善大学智库建设

从国外的情况看，美国的智库半数以上依托于大学，是智库体系的重要组成部分。从我国的情况看，智力资源更加集中于大学。但我国的大学智库建设不够理想：大学研究机构缺乏清晰的定位；

---

① 可行性与不可行性是一个决策过程中需要考虑的两个方面。可行性是研究一个方案可以取得成功的理由；不可行性是从对立的方面对这一方案提出质疑，提出不可能取得成功的理由。可行性研究与不可行性研究似乎是对立的，但是它们统一于决策的科学性之上。因此，在现代决策中，不仅要注重可行性研究，而且要注重不可行性研究。政府自身的决策机构和决策者存在上下级关系，对于决策者提出的决策方案更多地愿意从可行性方面进行论证，因此要鼓励民间智库更多是从不可行性方面进行研究，从而大大地拓展决策者的思维空间，大大提升决策者决策的慎重程度，最终达到决策科学化的目的。

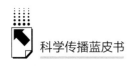
科研评价机制缺乏对政策研究的认可；大学教授研究习惯性从学理、系统的角度展开，不注重在现实资源条件和利益格局下解决问题。鉴于完善大学智库建设对智库体系建设至关重要。我们建议政府为大学智库制定相关政策，鼓励政府机构与大学联合建立智库，明确大学智库人才的管理制度，保障大学智库的发展资金，借调部分智库人才参与政府工作。

3. 建立规模性政务咨询市场

政府的政务咨询是智库存在的依据。因此，规模性的政务咨询市场是智库发展的重要条件，也是规范化运作智库的需要。另外我们也注意到完全由财政拨款的政府智库缺乏活力。因此，健康的智库体系应该有完善的需求、供给系统以及竞争机制。我们建议政府应建立规模型政务咨询市场，并配套成立与之对应的基金和成果呈送平台。各部委向咨询市场投放议题，智库申请后以基金给予资助，智库研究成果由专门机构呈送相关领导。

（三）发挥微博力量，占领舆论阵地

微博凭借高时效的信息发布方式，强化了公众话语权，改变了以往"自上而下"的信息传播方式，打破了传统参政议政较为封闭的格局。发挥微薄力量有助于改变政府闭门造车式的决策体系，能有效缩短政府与民众的沟通距离。政务微博建设总的方向是以网络的力量强化决策的科学性、民主性，使民众能通过这一媒体平台阐述思想、表达意愿、参与监督，使政府能有效地组织动员、争取民意、达成共识。可以说微博具备实现"从群众中来，到群众中去"的潜力，是走群众路线的重要工具。

这就要求政务微博的建设不仅要着眼于信息的丰富、实用、权威、高效，还要力求符合网络文化的特点，以积极诚恳的态度提升的公信力与亲和力。政务微博不能走形式主义的道路，不能只重形式而忽略实质。总的来说，政务微博的内容要更加关注民众关心的问题，促进解决与民众实际利益相关的问题，最终形成完善的公众利益表达、诉求平台，形成化解社会矛盾的有效机制。这样才能达到建设政务微博的目的。

我国提高科学施政水平的道路还比较漫长。随着改革的进一步深化，深层次的社会矛盾逐渐显现，社会焦虑感弥漫，民众不安全感增强，使人们对社会行为认知呈现出功利化、感性化的特点。同时，人们认知水平提高，信息获取门槛降低导致社会观点更加多元化。这些都让政府处于聚光灯下，稍有风吹草动，与政府相关的舆情就会成为热点。

从前文研究来看，部委级政府机构的政务微博大部分未建立，失去了微博舆论阵地，只能通过互联网间接影响，而政府在互联网的宣传也并不占据优势，只能通过传统媒体间接辐射，实际上处于非常被动的局面。因此部委级政府机构占领微博舆论阵地具有紧迫性。

从已建立的其他级别的政务微博上看目前的政务微博比较无序混乱，包括选址与命名无序、意见管理失序、安全机制缺失，从实际操作和运营来看具有思想落后、忽视群众、敌视舆情的特点。故中央政府机构政务微博应吸取教训，避免重蹈覆辙。

1. 聘用专职的微博管理员

互联网的便捷体现在及时性上，如果微博信息不能及时更新或回复，错过黄金处理期，官方准确信息的真空是谣言生长的最好土壤，当舆论格局一旦形成一面倒的情势，就很难再改变。因此有必要在网络平台重点、实时监控，通过澄清、引导的手段控制舆情蔓延，对突发事件进行及时处置。此外，网络谣言的产生往往是由民众信任感下降、信息不及时透明、网络用户素质参差不齐等因素造成。因此提高网络用户科学素养会降低网络谣言的危害性。我国虽

然有各种科学传播组织，但这些机构往往更注重自然科学、更注重青少年。因而有必要针对特定人群传播与政策相关的科学知识。

目前政务微博的管理者多为兼职，没有足够的精力管理微博。我们建议聘用专职的微博管理员，其职责包括监控舆情，对突发事件运用网络应对，相关领域的科学传播。

2. 设立中央机构政务微博集群

政务微博要走规范化的道路，从各地方政府的微博发展情况看集群化的趋势很明显。因此我们建议各部委开通微博，微博统一管理、规范：一是对各部委微博统一命名、认证；二是监督各微博对群众评论、意见、投诉的反馈情况；三是监督微博的更新情况，重点监督更新时间与质量，更新质量是指微博中原创微博的数量①；四是对官员微博统一管理、认知，避免某些不法分子假借政府的名义传播谣言。

3. 联合建设政务微博与网站

政务网站长期没有发挥应有的作用，被普遍认为形式意义大于实质功能。而政务微博的出现引起了公众广泛的热情，这既是机遇，又是挑战。运用得好能够盘活目前政府宣传的被动局面；运用不当，政务微博会迅速变为下一个政务网站。要运用好政务微博，重要的是发挥其与网站的互补作用。微博信息承载量毕竟有限，信息的结构也相对比较杂乱，具有局限性，而这些又恰恰是政务网站的长处。因此，要走微博与网站联合发展的道路，把微博纳入网站一体化建设过程中，切实提高网络问政的实际效果，拓宽政民沟通渠道，扩大服务范围。

---

① 目前一部分政府微博看似经常更新，实际上全是从其他网页的简单转载，如同鹦鹉学舌，完全没有吸引力。

B.14
国外科学传播文献述评

中国科学传播报告课题组*

摘　要：

　　本文梳理了国际上科学传播方面的专业期刊 *Science Communication* 和 *Public Understanding of Science*。从两个期刊 2012 年发表的文章中提炼出最新的研究成果，主要发现发挥媒介作用、引导公众参与科学决策与科学研究、促进科学家真实形象构建、正确处理科学与文化的关系，都是提高科学传播效果、提升公民科学素养的有效手段。基于这些观点，本文提出了引导媒体正确报道科学、促进公众参与科学决策、加强公众与科学工作者的互动三个方面的建议。

关键词：

　　科学传播　公众理解科学　述评

　　2012 年我国发生了多起关于 PX 化工项目选址问题的争论，甚至个别地方发生了群众抗议。这场关于环保的争议实际上折射出目前科学决策中公众的缺位，如何提升公众科学素养、提高公众在科学决策中的参与程度已经成为科学传播研究与实践的关键

---

*　执笔人：赵世奎、吴彬。

问题。

我们国家目前对科学传播的研究比较少，因此充分吸取国外先进经验就显得尤为重要。为此，我们选取了国际上科学传播方面的权威专业期刊 *Science Communication* 和 *Public Understanding of Science*，系统地介绍了最新研究成果，并基于这些成果结合中国国情提出针对性的对策建议，以期提高我国的科学传播水平。

一　主要研究发现

（一）充分发挥媒介作用，促进公众科学素养提高

20世纪是一个大众传媒的时代，大众传媒已经成为人们生活的一部分。而科学传播的基本任务是向公众传播和分享科学技术知识。因此大众传媒与科学传播的结合引起了国外学者的广泛关注。英国关于公众理解科学具有标志性的报告《公众理解科学》[1] 和《科学与社会》[2] 就指出了科学工作者与媒体工作者合作的重要性与媒体报道科学知识的必要性。

1. 媒体需要及时、准确、与时俱进地呈现科学知识

科学知识在传媒的呈现与知识的生产具有不同步性。Sebastian Linke 研究了生物社会学在德国媒体报道的情况。分析显示学术讨论与德国媒体的报道在时间上有不同步性，当科学界激烈讨论生物社会学时，媒体几乎没有这方面的报道，而当争论尘埃落定的时候，媒体开始呈现这方面的信息，其原因是这方面的科学报道受到

---

[1]　Royal Society, *The Public Understanding of Science*（London：The Royal Society, 1985）.

[2]　The House of Lords Select Committee on Science and Technology, *Science and Society*（2000）.

文化背景的约束（包括学术与社会的）[①]。科学知识在媒体呈现的内容也不一定能得到科学家的认可。Stephen J. Farnsworth 和 S. Robert Lichter 通过调查气候科学家对媒体所报道气候变化方面内容准确性的评价，发现科学家对媒体报道的气象科学内容的评价与研究中所采用的正面评价的标准、媒体所报道的气象科学内容的数量以及他们对气候变暖的严重程度的预期有关[②]。随着科技进步，科学知识在媒介的呈现还表现出了一些与以往迥异的特点。Valerie L. Hanson 讨论了从宏观世界到微观世界，再到纳米世界科学隐喻（Scientific Metaphor）视角的变化，认为纳米世界的表述迥异于微观世界，而关于纳米的科学传播依赖于运用计算机生成图像以表现纳米世界[③]。知识从生产者，到传播者，再到公众的过程也并不是非常流畅。Deborah Blackman 等人研究了知识在科学家、传播者、学习知识的组织之间的传播，提出了知识"黏性"（Knowledge "Stickiness"，描述阻碍知识传播的量）的概念，并认为知识的特征与环境是影响"黏性"的因素[④]。

2. 发挥电视媒介的优势提升科学传播效果

电视作为视听融合的大众媒介，是科学传播的有效途径，2010年，第八次中国公民科学素养调查结果显示我国公民应用电视作为科技信息的获取渠道的占 87.5%[⑤]。因此从多方面加强电视媒介的

---

① Sebastian Linke，"Contexts constrain science in the public：How the sociobiology debate was（not）presented in the German press". *Public Understanding of Science* 6（2012）：740 – 758.

② Stephen J. Farnsworth and S. Robert Lichter，"Scientific Assessments of Climate Change Information in News and Entertainment Media"，*Science Communication* 4（2012）：435 – 459.

③ Valerie L. Hanson，"Amidst Nanotechnology's Molecular Landscapes：The Changing Trope of Subvisible Worlds"，*Science Communication* 1（2012）：57 – 83.

④ Deborah Blackman，Angela M. Benson，"Overcoming knowledge stickiness in scientific knowledge transfer"，*Public Understanding of Science* 5（2012）：573 – 589.

⑤ 王以芳、房瑞标：《中国科协发布——第八次中国公民科学素养调查结果》，《科协论坛》2010 年第 12 期。

科学传播效果，对提高我国公众科学素养具有重要的现实意义。国外文献对电视媒介的科学传播进行了多方面的研究，阐释了其在经济、文化等方面的发现。Barbara L. Ley 等人采用内容分析法和文本分析法研究了美国电视剧——犯罪现场调查（Crime Scene Investigation，CSI），发现 CSI 对 DNA 测试的描述在激发公众对司法科学（Forensic Science）、基因工程兴趣的同时，也会使公众对 DNA 技术持过高的期望而阻碍其对 DNA 技术的正确理解①。Grace Reid 研究了公众对英国文献电视片（Drama-documentary）If…Cloning Could Cure Us 看法，认为文献电视片对提高公众的理解科学的程度有贡献，是一种采用公众能理解的方式传播科学的有效手段②。Markus Lehmkuhl 等人通过分析比较欧洲 11 国的电视节目后，发现公共电视市场格局的分隔、倾向于呈现更多科学节目的中型商业电视台的存在、商业收入对公众服务电视台的压力（如广告）是造成欧洲国家电视台在呈现科学节目上有显著差异的三个因素③。

3. 纸质媒介应客观全面的报道科学事实

报纸等纸质媒体是我国公民获取科技信息的传统渠道。Eric Jensen 研究了治疗性克隆引发的科学争论，结果显示患者病痛的叙述会被认为有人情味而具有新闻价值，因此支持治疗性克隆的观点在争论中占有优势地位④。Benjamin E. J. Cooper 等人研究了英国报

---

① Barbara L. Ley，Natalie Jankowski ，Paul R. Brewer，"Investigating CSI：Portrayals of DNA testing on a forensic crime show and their potential effects"，*Public Understanding of Science* 1（2012）：51 – 67.

② Grace Reid，"The television drama-documentary（dramadoc）as a form of science communication"，*Public Understanding of Science* 8（2012）：984 – 1001.

③ Markus Lehmkuhl，Christina Karamanidou，Tuomo Mörä，Kristina Petkova，Brian Trench，and AVSA – Team，"Scheduling science on television：A comparative analysis of there presentations of science in 11 European countries，"*Public Understanding of Science* 8（2012）：1002 – 1018.

④ Eric Jensen，"Mediating subpolitics in US and UK science news"，*Public Understanding of Science* 21（2012）：68 – 83.

纸中的饮食建议，发现英国报纸中错误的饮食建议广泛存在，并可能导致公众对食品健康产生错误概念①。David Gruber 和 Jacob A. Dickerson 通过实证研究分析了配有功能磁共振图像的科学文章，发现配有图片的文章并没有表现出更强的科学说服力②。Darrick T. Evensen 和 Christopher E. Clarke 分析了美国报纸关于西尼罗流感和禽流感的报道中包含的效能信息（Efficacy Information，指对公众应对风险的效能有影响的信息），研究显示学者低估了纸质媒体中效能信息的量级与方式③。Ruth Woods 等人调查了 122 份英国报纸使用宗教隐喻的情况，发现这些报纸把宗教作为隐喻来源以贬低科学所引发的气候变化，具体方式包括把科学比喻为非理性的宗教信仰以及把气候变化看作科学的罪过④。

Blanka Groboljsek 和 Franc Mali 研究了斯洛文尼亚报纸关于纳米技术报道，发现报道还处于一个比较初级的阶段，这些报道不仅数量较少、分布零碎，而且只注重与对纳米技术正面影响的报道和对纳米的科学解释⑤。André Donk 等人对德国报纸进行了标准化内容分析，发现德国媒体通过突出纳米科技积极正面的作用及避免谈论负面影响的手段，把读者的注意力引向纳米科技研究

① Benjamin E. J. Cooper, William E. Lee, Ben M. Goldacre, and Thomas A. B. Sanders, "The quality of the evidence for dietary advice given in UK national newspapers", *Public Understanding of Science* 6 (2012): 664 – 673.

② David Gruber, and Jacob A. Dickerson, "Persuasive images in popular science: Testing judgments of scientific reasoning and credibility", *Public Understanding of Science* 8 (2012): 938 – 948.

③ Darrick T. Evensen, and Christopher E. Clarke, "Efficacy Information in Media Coverage of Infectious Disease Risks: An Ill Predicament?", *Science Communication* 3 (2012): 392 – 418.

④ Ruth Woods, Ana Fernández, and Sharon Coen, "The use of religious metaphors by UK newspapers to describe and denigrate climate change". *Public Understanding of Science* 3 (2012): 323 – 339.

⑤ Blanka Groboljsek, Franc Mali, "Daily Newspapers' Views on Nanotechnology in Slovenia", Science Communication 1 (2012): 30 – 56.

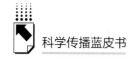
与发展①。

4. 互联网并不能消除科学传播的社会要素

互联网是目前发展最快、最有潜力的大众传媒。第八次全国公众科学素养调查显示公民利用互联网渠道获取科技信息的比例明显提高，互联网的科学传播潜力巨大。而国外关于运用网络进行科学传播以及其规律的研究相对较少，某种程度上忽视了网络这一最具活力的媒介。Stephen Bocking 研究了欧洲、加拿大的鲑鱼水产业知识从欧洲向加拿大流动的情况，发现媒体在传播科学知识时所具有的选择性的作用，这表明新技术并不能消除社会因素对知识传播的影响②。网络在带来便捷的同时，也可能成为知识的传播带来某些阻碍。Ricardo B. Duque 等人访谈了 337 名智利科学家，评估了互联网在合作研究中的影响，结果发现互联网使科学家更具交流性，同时也意味着研究者会在研究中遇到更多问题③。

5. 媒体需要全面而公正地呈现争论中各方观点

媒体中经常呈现不同利益方对科学事件的争论。Daniel W. Harrington 等人研究了大众传媒所呈现的食物过敏的风险，结果显示（风险的）倡导者与受影响的公众主导了社会上有关食物过敏的讨论，而科学家只是忙于研究过敏的原因，在受影响公众的指责下，对食物过敏讨论的意见开始变得一边倒④。正确决策的前提

---

① André Donk, Julia Metag, Matthias Kohring, and Frank Marcinkowski, "Framing Emerging Technologies: Risk Perceptions of Nanotechnology in the German Press", *Science Communication* 1 (2012): 5–29.

② Stephen Bocking, "Mobile knowledge and the media: The movement of scientific information in the context of environmental controversy" *Public Understanding of Science* 6 (2012): 705–723.

③ Ricardo B. Duque, B. Paige Miller, Omar Barriga, Jr., Wesley Shrum, and Guillermo Henríquez, "Is Internet Use Associated With Reporting Fewer Problems in Collaboration? Evidence From the Scientific Community in Chile", *Science Communication* 5 (2012): 642–678.

④ Daniel W. Harrington, Susan J. Elliott, and Ann E. Clarke, "Frames, claims and audiences: Construction of food allergies in the Canadian media", *Public Understanding of Science* 6 (2012): 724–739.

是弄清楚社会针对争议问题的不同观点。Tommaso Venturini 基于行为者网络理论（Actor-Network Theory，是一种认为社会每个结点都是一个主体，一个可以行动的行动者，并构成一种互相依存的网络的理论），认为可以运用可视化的争议网络（Controversy-website）来清晰呈现社会争论①。

（二）积极促进公众参与科学决策

公众参与科学决策是公众理解科学的更高层次。但是公众对自身参与科学决策的理解还显得陈旧、肤浅。Julie Barnett 等人通过访谈的方式研究了公众对自身参与科学决策的理解，发现公众认知中，公众参与科学决策的必要性没有得到公众的普遍认同，只是被理解为一种提供信息、解决担忧的工具性活动②。John C. Besley 通过开放式问卷与访谈的方式研究了公众参与科学决策在公民中的形象和概念，发现公众对政府决策者咨询他们的方式持负面态度（包括公布信息与获取信息），而在公众心中自己参与的普遍形象就是专家报告会③。

已有的研究显示，在很多场合公众参与科学决策还只停留在形式，公众参与的积极性不高。Priya Kurian，Jeanette Wright 等人研究了新西兰环境风险管理局对公众参与的回应内容，发现该机构持一种实证的、技术的世界观，而忽略公众提出的关于风险管理、伦理、生态－经济－文化等方面的问题，造成这种情况的原因之一是

---

① Tommaso Venturini，"Building on faults：How to represent controversies with digital methods"，*Public Understanding of Science* 7（2012）：796－812.

② Julie Barnett, Kate Burningham, Gordon Walker, and Noel Cass,"Imagined publics and engagement around renewable energy technologies in the UK"，*Public Understanding of Science* 1（2012）：36－50.

③ John C. Besley，"Imagining public engagement"，*Public Understanding of Science* 5（2012）：590－605.

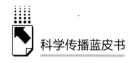

组织结构缺陷。作者建议通过协调标准、规范、价值观和知识确来保公众参与的组织空间存在①。Anne M. Dijkstra 等人采用实证研究的方法研究了公众参与科学的情况，发现当公众有机会参与科学决策时，他们不一定会参与，影响公众参与的主要因素包括公众的信息需求与其所具有的相关知识②。

故事的形式在促进公众理解科学，激发公众讨论的方面具有较好的效果，但也需要理清其牵涉的伦理问题。Michael F. Dahlstrom和 Shirley S. Ho 认为科学传播者在介绍科学政策的背景时，如果能厘清以下三个伦理方面的问题，故事将会成为科学政策决策传播的有效手段。它们包括：故事的潜在目的是什么，使受众理解还是说服受众；故事中科学叙述的准确程度应该是怎么样的；应不应该使用故事③。Ana Delgado 等人分析了三篇科幻小说（*Neuromancer*，*The Player of Games*，*Kéthani*）中虚构的先进技术引发伦理问题的情节，认为科幻小说能够有效地引起公众对新技术及其伦理问题的讨论④。

公众可以参与科学决策，科学问题的争议也会影响公众自己的决策。Damien W. Mather 等人通过实地的选择性模拟实验（Field Choice-modeling Experiment）和访谈的方式研究了公众购买转基因

① Priya Kurian, and Jeanette Wright, "Science, governance, and public participation：An analysis of decision making on genetic modification in Aotearoa/New Zealand" *Public Understanding of Science* 4 (2012)：447 – 464.

② Anne M. Dijkstra, Jan M. Gutteling, Jac. A. A. Swart, Nicolien F. Wieringa, Henny J. van der Windt, and Erwin R. Seydel, "Public participation in genomics research in the Netherlands：Validating a measurement scale", *Public Understanding of Science* 4 (2012)：465 – 477.

③ Michael F. Dahlstrom, and Shirley S. Ho, "Ethical Considerations of Using Narrative to Communicate Science", *Science Communication* 5 (2012)：592 – 617.

④ Ana Delgado, Kjetil Rommetveit, Miquel Barceló, and Louis Lemkow, "Imagining High-Tech Bodies：Science Fiction and the Ethics of Enhancement", *Science Communication* 2 (2012)：200 – 240.

食物的实际行为，发现当消费者的决策与社会争议问题（例如转基因食物）联系在一起的时候，实际购买决策与调查中做出的选择往往存在比较显著差异。也就是说消费者在做购物决策的时候会受到社会舆论压力的影响①。

（三）引导公众参与科学研究能缓和对立

发展科学技术的最终目标是服务于人类，因此科学技术的发展要以人为本，科学技术的决策需要公众的广泛参与。目前公众参与科学研究已经成为世界各主要发达国家科学传播的重要趋势。Mario Veen 等人分析了肠病药物"前期会议"（Upstream Engagement，指研发新产品前研发者与使用者的交流会议）的案例，发现并不是参与者本身的意图形成了会议的议程而是研发者提问时间接传达的信息②。Richard Watermeyer 通过对 84 名医学研究者在网上进行了半开放式（Partially Open-ended）调查，发现公众参与科技研究的两个主要影响分别是其对研究者、研究过程的影响及其对研究者形象、声望的影响③。Dianne Nicol 等人在奥地利全国范围内进行了电话调查，分析了公众参与生物样本库时所具有的心理，结果显示公众可以分为比较明显的三种类型：第一种是持互利的心理；第二种是具有社会责任心；第三种则没有明显的归属④。Susana Biro 通过

① Damien W. Mather, John G. Knight, Andrea Insch, David K. Holdsworth, David F. Ermen, and Tim Breitbarth, "Social Stigma and Consumer Benefits: Trade-Offs in Adoption of Genetically Modified Foods", *Science Communication* 4 (2012): 487 –519.

② Mario Veen, Hedwig te Molder, Bart Gremmen, and Cees van Woerkum. , "Competing Agendas in Upstream Engagement Meetings Between Celiac Disease Experts and Patients", *Science Communication* 4 (2012): 460 –486.

③ Richard Watermeyer, "Measuring the Impact Values of Public Engagement in Medical Contexts", *Science Communication* 6 (2012): 752 –775.

④ Dianne Nicol, and Christine Critchley, "Benefit sharing and biobanking in Australia", *Public Understanding of Science* 5 (2012): 534 –555.

对墨西哥天文台主任与公众的信件研究后，认为明确公众已拥有的知识、意图、态度，能有效理解公众科学知识的接受过程和确定不同公众对科学的兴趣所在①。

（四）公众与科学家"对话"能加强相互信任

知识的不对称不意味着地位的不平等，只有公众与科学家平等的交流，才能更好地传播科学，使公众增进对科学和科学家的信任。Theodore E. Zorn 等人调查了科学家与外行在人类生物科技议题上对话前后公众态度的变化，发现对话能使外行（非科学家）对科学家的态度更加积极，科学家与公众对人类生物学的态度会趋于一致。因此作者认为加强科学家与公众的对话能缓解公众与科学家之间的冲突，使对争议问题讨论的氛围更趋于缓和②。Mei-Fang Fan 调查了台湾客家城镇垃圾处理中心选址问题的争论，发现争论往往是由公众背景知识的缺失以及程序上的不公平造成的，因此建议加强相关利益人之间的对话，以避免争论完全被政府和专家所主导③。Nathaniel Kendall-Taylor 通过一系列开放式文化模式（Cultural Models）访谈证实了这样一个假设，即公众对儿童心理健康问题的认知大大迥异于科学家对此主题的解释，而出现差异的一个原因是公众理解儿童心理健康的方式也会影响公众对科学实践的理解。因此作者建议在科学家与公众"对话"时要考虑公众对具体科学研究背景的认知④。Anne

---

① Susana Biro，"Astronomy by Correspondence：A Study of the Appropriation of Science by the Mexican Public（1927 – 1947）"，*Science Communication* 6（2012）：803 – 819.

② Theodore E. Zorn. Zorn，Juliet Roper，C. Kay Weaver，and Colleen Rigby，"Influence in science dialogue：Individual attitude changes as a result of dialogue between laypersons and scientists"，*Public Understanding of Science* 7（2012）：848 – 864.

③ Mei-Fang Fan，"Justice，community knowledge，and waste facility siting in Taiwan"，*Public Understanding of Science* 4（2012）：418 – 431.

④ Nathaniel Kendall-Taylor，"Conflicting Models of Mind：Mapping the Gaps Between Expert and Public Understandings of Child Mental Health"，*Science Communication* 6（2012）：695 – 726.

M. Dijkstr 和 Jan M. Gutteling 通过建立 8 个关于生物工程和基因工程的专题讨论小组（Focus Group Discussions）来分析不同角色公众的相同点与不同点，并由此发现公众群体对传播方式的偏好与他们特定的身份有关，但对所有群体的研究显示了透明性和公开性是增加公众信任不可或缺的传播元素①。

科学家与公众的对话有时是通过非正式的科学教育团体展开的，但这类团体的组织并不严密。John H. Falk 等人通过开放式访谈调查了非正式科学教育（Informal Science Education）组织，结果发现非正式科学教育团体并没有构成一个联系紧密的共同体，虽然成员之间有合作与交流，但对共同关心的问题并没有建立广泛而活跃的联系②。

（五）理清科学与文化的关系可以提高科学传播效果

科学技术作为整个社会大系统的一部分，与社会大系统中其他子系统密切相关，尤其是与文化密切相关。先进文化与先进科学可以说是一对孪生子，相依相存、相辅相成。

1. 宗教不一定是科学传播的阻碍

科学从诞生之初就与宗教有着激烈争论。外国学者从科学与宗教关系的角度进行了科学传播的研究。L. J. Zigerell 通过实证研究发现导致圣经教条者（Biblical Literalism）科学知识较少的因素包括人口学因素（性别、种族）与不同的教育背景，因而可以通过培养圣经教条者对科学的兴趣以减弱他们在认知上科学与宗教的冲

① Anne M. Dijkstr, and Jan M. Gutteling, "Communicative Aspects of the Public-Science Relationship Explored: Results of Focus Group Discussions About Biotechnology and Genomics", *Science Communication* 3 (2012): 363-391.
② John H. Falk, Scott Randol, and Lynn D. Dierk, "Mapping the informal science education landscape: An exploratory study", *Public Understanding of Science* 7 (2012): 865-874.

突，来增加他们的科学知识①。Michael S. Evans 访谈了 62 位受访者（包括宗教和非宗教人士），访谈结果表明，对待一项有益处的科学研究，非宗教人士与宗教人士并没有表现出什么不同。这是由于两者具有相同的文化工具（Cultural Tools，文化工具论是把文化看作人的工具）。因此，通过科学传播强调相同的文化资源（Cultural Resources）会比直接将宗教置于科学的对立面有更好的效果②。

2. 科学传播应注意社会文化语境

科学是一种社会活动，科学的运行必然与社会文化具有千丝万缕的联系。Deborah R. Bassett. Hanson 研究了纳米工程研究者谈论纳米科技时的言语代码（Speech Code），发现由于文化对科技的定位在于为社会带来利益，因而研究者并不愿意谈论他们研究的伦理问题③。Anna Lydia Svalastog 调查了基因科学争论中的神话（这里的神话被定义为一种包括上帝和英雄的叙事体，被学者视为理解民众文化和宗教的关键）以及神话作为分析公众看法工具的应用以后认为将对神话的理解代入语境，注重其过程与互动会极大地增强了其分析公众态度的效果④。

3. 科学传播可以借助艺术

科学与艺术既对立又统一，两者的发展可以相互借鉴、融合、促进。Megan K. Halpern 通过参与式观察的方法研究了科学与艺术

① L. J. Zigerell, "Science knowledge and biblical literalism", *Public Understanding of Science* 3 (2012): 314–322.
② Michael S. Evans, "Supporting Science: Reasons, Restrictions, and the Role of Religion", *Science Communication* 3 (2012): 334–362.
③ Deborah R. Bassett. Hanson, "Notions of Identity, Society, and Rhetoric in a Speech Code of Science Among Scientists and Engineers Working in Nanotechnology", *Science Communication* 34 (2012): 115–159.
④ Anna Lydia Svalastog, "Gene myths in public perceptions", *Public Understanding of Science* 4 (2012): 478–494.

之间的合作①。Carlos Vogt 在理论上探讨了科学文化（Scientific Culture），认为参与者、制度、表现、社会态度是组成科学文化的元素，并通过传播的公开程度与方向将科学文化分为呈螺旋形演进的四个维度：科学的生产、交流，科学的教授，科学教育，科学出版②。Megan K. Halpern 通过参与式观察研究了科学家与艺术家合作创作的表演，发现科学家与艺术家运用边界物（Boundary Objects，也译作边界对象，指是划分不同范畴的界限，也是沟通不同范畴的对象）使合作顺利进行，边界物的类型包括已存在的、借用的、创造的③。

（六）引导公众构建科学家真实形象

传统科普希望塑造和传播科学的神圣形象，附带为科学家预设了一种高洁、超凡的形象，但实际上这与公众构建的科技的形象与科学家形象相去甚远。

1. 公众对科学技术的认知与社会背景密切相关

公众、政府、科学家对科学技术的认知有很大不同，影响公众对科学技术认知的不仅仅是科技本身，还包括其社会背景。Nidhi Gupta 研究了关于公众对技术接受的心理影响因素，发现潜在风险、对应用者的信任、可预期的利益、关于新技术的知识是主要的影响因素，还发现公众对新技术的争议主要集中于原子能、转基因、信息通信等领域④。Vincenzo Pavone 等人通过小组讨论、问卷

① Megan K. Halpern，"Across the great divide：Boundaries and boundary objects in art and science"，*Public Understanding of Science* 8 （2012）：922 – 937.

② Carlos Vogt，"The spiral of scientific culture and cultural well-being：Brazil and Ibero-America"，*Public Understanding of Science* 1 （2012）：4 – 16.

③ Megan K. Halpern，"Across the great divide：Boundaries and boundary objects in art and science"，*Public Understanding of Science* 8 （2012）：922 – 937.

④ Nidhi Gupta, Arnout R. H. Fischer, and Lynn J. Frewer. "Socio-psychological determinants of public acceptance of technologies：A review"，*Public Understanding of Science* 7 （2012）：782 – 795.

调查的方式研究了公众对监控安保技术（Surveillance-oriented Security Technologies）的看法，结果显示，公众并不单纯的从技术本身看待监控，还会考虑与之相关的制度与社会背景，同时会考虑技术带来的安全和隐私的问题①。

2. 构建"真实"的科学家形象

多年模式化的宣传使得科学家的形象"定格"，异于常人，俨然理想与圣洁的化身。Isabel Ruiz-Mallén 和 Maria Teresa Escalas 调查了西班牙加泰罗尼亚地区儿童对科学家形象的构建，发现他们科学家形象的认知往往比较陈旧，而且与真实情况不符，解决的途径在于加强科学教育并鼓励儿童与年轻科学家互动交流，以使儿童信任科学家，并对科学产生兴趣②。Yuri T. Yamamoto 通过案例研究的方法研究了科学家信誉的构建，发现对科学共同的价值观和看法是公众构建科学家信誉的主要影响因素。因此作者建议通过政策的合作决策来培养公众和科学家的共同价值观和观点，以重构公众对科学家的信任感③。

（七）正确定义科学，有助于公众理解科学

科学的呈现依赖于对科学术语的界定，不妥当的定义会对调查和科研资助产生困扰。Sylvia Baker 研究了 2008 年的一个英国的普通公众调查，认为调查得出的超过半数英国民众并不相信进化论的结论并不可靠，调查使用的对进化观点的选项设置并不清晰及对科

① Vincenzo Pavone，Sara Degli Esposti，"Public assessment of new surveillance-oriented security technologies：Beyond the trade-off between privacy and security"，*Public Understanding of Science* 5（2012）：556 – 572.

② Isabel Ruiz-Mallén，Maria Teresa Escalas，"Scientists Seen by Children：A Case Study in Catalonia，Spain"，*Science Communication* 4（2012）：520 – 545.

③ Yuri T. Yamamoto，"Values，objectivity and credibility of scientists in a contentious natural resource debate"，*Public Understanding of Science* 1（2012）：101 – 125.

学与进化的定义失误是不可靠的两个来源①。Lei Pei 等人调查了六个国家（Austria，France，Germany，the Netherlands，Switzerland and the UK）的公共组织对合成生物学的投资情况。发现六个国家对合成生物学的资助情况差别很大。除了英国为这些机构提供了完备的基金项目外，其他国家的相关资助都存在困难，这些困难部分缘于合成生物学并不十分明晰的定义②。

二 政策建议

笔者在评述外国文献的基础上，从媒体引导、促进参与、加强对话三个方面给出了加强我国科学传播效果、提高公众科学素养的建议与对策。

（一）引导媒体正确报道科学

科学传播的重要中介是大众传媒，公众接触科学知识、提高科学素养的重要渠道也是大众传媒。因此提高我国公众科学素养的重要途径就是加强大众传媒的科学传播效果。

1. 媒体报道科学时不应忽略其负面影响

引导媒体在报道科学发现、技术发展的时候，不可有意忽略科学技术进展引起的负面问题与潜在风险。全面的报道科学事实可以让公众真正的理解科学，也是公众参与科学决策前提条件。因此我们建议中国记协新闻培训中心定期组织针对科技记者、编辑的关于公众理解科学的讲座，使媒体工作者了解公众全面掌握科学进展的

---

① Sylvia Baker, "The Theos/ComRes survey into public perception of Darwinism in the UK: A recipe for confusion", *Public Understanding of Science* 3 (2012): 286 – 293.

② Lei Pei, Sibylle Gaisser, and Markus Schmidt, "Synthetic biology in the view of European public funding organisations", *Public Understanding of Science* 2 (2012): 149 – 162.

收益与风险的重要意义。

2. 媒体对科学技术不可言过其实

引导媒体客观真实地报道科学技术的应用，不可为增加新闻吸引力而夸大科学技术的作用（例如 DNA 测试），对科学技术言过其实的报道所产生的影响与伪科学无异。因此建议各省市宣传部加强审核人员科学知识的培训，提高审核人员的科学素养，加强对科学报道是否客观真实的审核，对于报道不实科学信息的媒体可在权威媒体中予以公示。

（二）促进公众参与科学决策

不断涌现的科学事件（PX 项目选址）表现我国目前对公众参与科学决策的忽视，这使得公众对科学以及科学家的信任感持续降低。为使科学造福公众，需要公众参与科学决策。因此我们建议从制度、方式、方法的角度促进公众参与科学决策。

1. 建立公众参与科学决策保障机制

保障公众参与科学决策的机制比科学进步更重要。只有在制度上保证公众参与科学决策才能真正做到科学决策民主化。我们建议中国科协及其下属单位应与媒体进行合作，两者共同加强有关公众参与科学决策必要性与意义的宣传。项目所在的县、区政府应要求各项目（如 PX 项目选址）的总工程师（或科学家）在媒体公开阐述项目的利弊与科学背景知识。政府建立相应制度，保证公众能真正参与到决策中。

2. 积极回应公众的担忧与疑问

积极回应公众的担忧与疑问是消除公众参与科学决策在公众认知中形式化的印象的重要途径。因此我们建议各级政府及项目承包单位建立定时的、长期的回应机制，在信访办设立专门人员负责回应公众对项目中技术运用的担忧与疑问。

3. 运用故事的方式阐述科学决策的背景

参与的前提是理解，只有使公众充分理解科学事件的背景才能做到参与决策，而故事的方式形象生动，是使公众理解科学知识背景的有用方法。因此我们建议政府在通报相关项目背景时多运用故事的方式宣传相关科学知识背景。

（三）加强公众与科学工作者的互动

科学工作者是科学知识的生产者，其科学研究的经费源于公众，成果最终也服务于公众。科学家与公众的直接接触开启了真正的、双向的传播，没有中间人，没有翻译，这种对话直接构成了协商的基础。

1. 促进科学家与公众的双向对话

公众与科学家的对话应该是常态化的，因此需要在科研院所、大学等学术机构建立科学家与公众的长效对话机制。而大多数中科院的科技人才没有机会参加系统专业的科学传播培训[①]。我们建议中科院等科研院所联合科协定期对科学家进行传播方面的培训，并设立制度鼓励科学工作者与公众的互动（例如在在科研项目中设立专项的科普经费）。

2. 客观真实地宣传科学家

为保证科学家与公众互动的开展，我们需要构建"真实"的科学家形象，不刻意拔高，也不刻意塑造典范。我们建议中科院等科研院所与媒体合作，宣传一些平凡的科技工作者以及他们的研究工作，在中科院的公众开放日增加科学家与公众面对面交流的机会。

---

① 莫扬、荆玉静、刘佳：《科技人才科普能力建设机制研究——基于中科院科研院所的调查分析》，《科学学研究》2011 年第 3 期。

3. 调查公众的知识背景与需求

目前公众与科学家互动流于形式的一个重要原因在于公众掌握科学知识较少，科学家也没有认真了解公众对科学知识的需求。因此，我们建议中国科协的公众科学素养调查应加强对特定人群的调查，尤其是以访谈的方式，全面掌握公众的知识背景。中国科协还应该详细调查公众对科学知识的需求情况（目前仅调查公众对哪类新闻感兴趣，这需要进一步细化），特别是不同人群需求的差别。

4. 鼓励公众参与科学研究

在西方发达国家，"上游会议"、"共识会议"已经成为科技工作者在研发新产品时与公众沟通的重要渠道，但我国对这种对话机制的应用还比较少。我们建议由科技部牵头，选定一部分科学研究课题，联合中国科协等官方机构，科学松鼠会等民间机构，以调查和互动的方式邀请尽可能多的公众、消费者参与其中。

B.15
BLUE BOOK

实现中华民族伟大复兴的
中国梦需要科学传播

——国内研究动态

中国科学传播报告课题组 *

摘　要：

　　本文在回顾 2012 年国内科学传播研究工作基础上，总结并提出当前科学传播对实现中华民族伟大复兴的作用，即科学传播有助于马克思主义的大众化，有助于社会主义荣辱观的树立；有助于打造良好的国内、国际环境，塑造良好的国家形象；有助于坚持群众路线，在处理重大事件时以群众利益为主；有助于提高全民族的思想道德素质和科学素质。报告的最后分析总结了新旧传播媒体科学传播的创新及如何保障科学传播效果的相关研究，试图为以后更好地开展科学传播工作提供理论依据。

关键词：

　　科学传播　综述　文献

一　构建社会主义核心价值体系需要科学传播

实现中华民族伟大复兴的中国梦，必须弘扬中国精神、凝聚中

---

* 执笔人：卜勇、刘福兰。

国力量。习近平在党的十八届中央政治局第一次集体学习时提出：没有理想信念或理想信念不坚定，精神上就会"缺钙"，就会得"软骨病"。这充分表明，在当今中国，维系民族血脉、建设人民精神家园越来越重要。社会主义核心价值体系是社会意识形态的本质体现，是全党全国各族人民团结奋斗的共同思想基础。社会主义核心价值体系渗透于社会生活的各个方面，影响着人们的思维方式和行为方式，是中华民族世代相传的优良传统和作风，是中华民族生命力、创造力和凝聚力的重要源泉，是实现中华民族伟大复兴的强大精神力量。[①]

（一）新媒体形式下，马克思主义的大众化需要科学传播

马克思主义的大众化能够确保高举马克思主义伟大旗帜。实现中华民族伟大复兴的历史进程中，马克思主义在意识形态领域的领导地位不可动摇。习近平同志在全国宣传思想工作会议上指出："无论是过去还是现在，我们都不能低估马克思主义对人类社会的影响力。当代中国的发展，更离不开当代中国马克思主义的引领。"因此，需要通过马克思主义的大众化来深化和坚定自身的马克思主义理论的科学性信仰，并使自己掌握和运用马克思主义理论武器。

科学传播有助于马克思主义理论的有效传播，进而更好地促进马克思主义大众化。马克思主义大众化相伴于中国共产党的成长，是中国共产党的永恒使命。[②] 有效地把马克思主义深入每一个话语对象，渗透到社会生活的每一个领域，需要广泛开展理论宣传和普

---

① 干承武、干成俊：《社会主义核心价值体系——中华民族伟大复兴主流价值》，《南昌航空大学学报（社会科学版）》2012年第2期。

② 肖芳、李安增：《中国共产党对农村马克思主义大众化的探索》，《当代世界与社会主义》2012年第1期。

及工作，以科学的理论提升人民大众认识世界和改造世界的能力。① 共产党人历来重视马克思主义传播的方式以提高马克思主义的传播效果。革命战争年代，中国共产党人用"很简单的一些标语、图画和讲演，使得农民如同每个都进过一下子政治学校一样，收效非常之广而速。"② 共产党人"深入千家万户，向群众解释党的政策，教唱革命歌曲，排演革命戏剧，开展了大量生动活泼的宣传活动，人民群众从他们的行动和宣传中，理解了党的政策，看到了自己的利益，自觉地站到共产党一边同反动派作斗争。"③ 通过这些生动活泼的多样化的话语传播方式，马克思主义理论在"讲故事"、"看戏剧"、"唱歌曲"中使人民大众得到潜移默化，"打倒帝国主义，打倒军阀，打倒贪官污吏，打倒土豪劣绅，这几个政治口号不翼而飞，飞到无数乡村的青年壮年老头子小孩子妇女们的面前，一直钻进他们的脑子里去，又从他们的脑子里流到了他们的嘴上。"④ 由上可知，马克思主义大众化的过程需要科学传播，深入了解群众选择合适传播方式。

当前人们的思想活动更具独立性、多变性和选择性，因此，在传播媒介高度发达的时代，马克思主义理论要赢得大众仅仅依靠其理论的科学性和先进性是远远不够的，⑤ 还要通过科学的传播手段来扩展自身的传播力和影响力，实现马克思主义的大众化。大众传媒通过舆论导向、信息源泉、交流互动等功能的发挥，成为人们获取马克思主义及相关理论的主要渠道、党和国家路线方针政策传播

① 何理：《受众中心：马克思主义大众化通俗理论读物话语体系的建构维度》，《理论学刊》2012 年第 5 期。

② 《毛泽东选集》第 1 卷，人民出版社，1991，第 35 页。

③ 林之达：《中国共产党宣传史》，四川人民出版社，1990，第 251 页。

④ 《毛泽东选集》第 1 卷，人民出版社，1991，第 34 页。

⑤ 高乃云：《论马克思主义大众化的网络传播境遇及策略优化》，《西南民族大学学报（人文社会科学版）》2012 年第 6 期。

的主要阵地、解答人们关心的热点和难点问题的主要载体、用典型案例展示马克思主义魅力的主要窗口。[①] 在网络化背景下有效地推动当代中国马克思主义大众化，就必须要适应网络技术发展的新要求，积极主动地抢占网络新阵地，不断推进当代中国马克思主义最新成果的电子化和数据化。[②] 同时，学者是马克思主义传播的重要路径。[③] 要实现马克思主义思想和理论的有效传播，只有依靠传统与现代相结合的传播载体和技术支持，才能将理论宣传与普及和大众生活联系起来，实现政治话语与生活话语的对接与转换，深入渗透到社会主义建设和人民群众生产生活的各个方面。[④]

（二）新媒体形式下，社会主义核心价值体系的构建需要科学传播

社会主义核心价值体系是社会主义先进文化的精髓，是构成中国梦实现中华民族伟大复兴不可或缺的价值内核。社会主义核心价值体系建设有利于在文化软实力竞争中增强民族凝聚力和向心力、抵御和抗衡西方社会价值观的渗透、彰显和增强社会主义制度的感召力。[⑤] 通过社会主义核心价值体系引领文化建设，发展主流意识形态，整合社会意识，是社会系统得以正常运转的基本途径。[⑥] 没有核心价值体系，一种文化就立不起来、强不起来，一个民族就没

---

① 马福运：《大众传媒在马克思主义大众化过程中的作用浅析》，《思想理论教育导刊》2012 年第 6 期。

② 高乃云：《论马克思主义大众化的网络传播境遇及策略优化》，《西南民族大学学报（人文社会科学版）》2012 年第 6 期。

③ 冯宋彻：《马克思主义大众化传播的学者路径》，《现代传播》2012 年第 6 期。

④ 鲁宽民、易鹏、乔夏阳：《网络时代推进中国马克思主义大众化的价值论分析》，《西北大学学报（哲学社会版）》2012 年第 3 期。

⑤ 李静雅：《社会主义核心价值体系在提高文化软实力中的作用》，《高校理论战线》2012 年第 2 期。

⑥ 田海舰：《科学理解社会主义核心价值体系引领社会主义文化大发展大繁荣》，《保定学院学报》2012 年第 3 期。

有赖以维系的精神纽带，一个国家就没有统一意志和共同行动。①在建设创新型国家的今天，大力建设社会主义核心价值体系，坚持和发展中国特色社会主义，对实现中华民族伟大复兴的中国梦具有重要的意义。

社会主义荣辱观是社会主义核心价值体系的基础，而"八荣八耻"是社会主义荣辱观的核心内容，同时"以崇尚科学为荣、以愚昧无知为"是"八荣八耻"的一项内容。树立社会主义荣辱观需要科学传播，进而社会主义核心价值体系的构建也需要科学传播。社会主义核心价值体系只有实现大众化，内化为广大社会民众的信仰，才能真正发挥"兴国之魂"的作用。②进入21世纪以来，人民的思想观念和价值评判标准在不断变化，这为中国共产党宣传社会主义核心价值体系提出了许多崭新的课题。③把握社会主义核心价值观内在特点，遵循其传播规律，跨越运动式、一阵风式的"卡夫丁峡谷"，找到一条传播的"阿莉阿德尼线"，走上传播的光明之道。④简明扼要地表达我们的共同价值追求，成为聚民心、凝民力的精神支撑，有利于社会主义核心价值体系的有效传播。⑤在新媒体高度发达的形势下，主流媒体要切实成为社会主义核心价值体系的倡导者、组织者、推动者。⑥发挥道德、法律、行政、政策等多种手段的合力，使社会主义核心价值体系牢牢占领网络文化阵地。⑦

① 邓泽球、邓曦洋：《社会主义核心价值体系是社会主义先进文化的精髓》，《学校党建与思想教育》2012年第4期。
② 原魁社：《核心价值体系大众化视阈中的自爱教育》，《求实》2012年第3期。
③ 蔡志刚、吴华章：《以社会主义核心价值体系引领社会思潮的传播学思考》，《探索》2012年第3期。
④ 欧清华：《构建社会主义核心价值观传播体系初探》，《科学社会主义》2012年第3期。
⑤ 李义丰：《关于社会主义核心价值体系的传播问题》，《广东社会科学》2012年第4期。
⑥ 蔡志刚、吴华章：《以社会主义核心价值体系引领社会思潮的传播学思考》，《探索》2012年第3期。
⑦ 苏星鸿、刘基：《用社会主义核心价值体系引领网络文化发展》，《高校理论战线》2012年第5期。

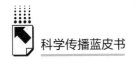
二 打造良好的国内、国际环境需要科学传播

国家形象是国家"软实力"的重要内容，必须引起政府与社会民众的高度重视，并将国家形象纳入国家整体发展战略，上升到国家战略层面，有计划、有步骤、有目的地实施国家形象建构工程。① 近年来，我国加强了国家形象对外传播的力度，通过各种方式向世界展示中国的崭新面貌，在构造国家形象方面积累了一定的经验。"中国国家形象调查报告2012"显示，南非民众对中国的印象最为积极、正面和友好，其次对中国的印象较为正面和积极的国家是澳大利亚和英国，印度、美国和马来西亚民众对中国的发展表现出较大的防范心理，这三个国家的受访者对中国的总体印象相对消极。中国在对外传播过程中要针对各国的不同情况，采取科学的传播方式，塑造良好的国家形象。

在"一村纵贯南北，一网横亘东西"的地球村、互联网时代，国家形象的品牌塑造与国际推广，更是成为世界各国政府高度重视和倾力投入的一项"国家工程"。② 然而，在国际交往中，中国国家形象的整体传播零散，缺乏全方位、多层次、立体化的推广，更缺乏系统、专业的整体规划。③ 同时，中国形象的塑造一般都是"他塑"，"中国"多是"沉默的对话者"，很多时候是有"对话者"之名而无"对话者"之实，缺乏对自身形象建构的主导权。④ 国家

---

① 吴友富：《战略视域下的中国国家形象传播》，《国际观察》2012年第4期。
② 檀有志：《公共外交中的国家形象建构——以中国国家形象宣传片为例》，《现代国际关系》2012年第3期。
③ 林少雄：《国家形象的视觉呈现与传播策略：以中国国家形象片为例》，《艺术百家》2012年第4期。
④ 董军：《"国家形象建构与跨文化传播战略研究"开题会综述》，《现代传播》2012年第1期。

形象的构建不是一蹴而就的事情，是一个长期的对外传播的过程。

（一）大动荡、大变化、大调整的世界形势下，国家形象的塑造需要科学传播

科学传播有助于中国国家形象的塑造，打造良好的国际环境。西方国家对中国国家形象存在偏见，中国国家形象的构建过程任重道远。西方发达国家对中国的经济发展表现出了赞誉和忧虑两个方面，而对中国的政治通常表现出否定与诬蔑，对中国负面形象的报道，主要集中在"中国威胁论"、"人权问题"等几个方面。① 何志武、陈旭鑫以在美国具有广泛影响力的《新闻周刊》为研究对象，通过研究发现，该刊对中国的报道存在明显的政治泛化倾向，总体呈现出负面批评的倾向，没有向世界报道一个全面真实的中国。② 徐翀以大量的民意调查数据为基础分析得出，俄民众对中国国家形象的认知并不深入，多数俄民众对中国持友好态度，但仍存在合作与防范并存、民众个体性差异明显的现象。③ 日本不论看待自身，还是他者——中华帝国，都自觉地以西方为尺度。④ 现代日本的中国形象完全可以与西方的中国形象进行等量替换。⑤ 严怡宁以《印度斯坦时报》的涉华报道为例，研究发现印度媒体对中国的认知受西方大国的影响。⑥

① 门洪华、周厚虎：《中国国家形象的建构及其传播途径》，《国际观察》2012 年第 1 期。
② 何志武、陈旭鑫：《政治的泛化：美国媒体建构中国形象的偏向——对〈新闻周刊〉(2009～2010) 涉华文章的内容分析》，《当代传播》2012 年第 1 期。
③ 徐翀：《近十年俄罗斯民众对中国国家形象的认知——基于俄国内民调结果的实证分析》，《世界经济与政治论坛》2012 年第 2 期。
④ 周宁：《跨文化研究：以中国形象为方法》，商务印书馆，2011，第 5～6 页。
⑤ 周云龙：《西方的中国形象：源点还是盲点——对周宁"跨文化形象学"相关问题的质疑》，《学术月刊》2012 年第 6 期。
⑥ 严怡宁：《印度的"大国梦"与中国形象的媒体呈现——以〈印度斯坦时报〉涉华报道为例》，《南亚研究季刊》2012 年第 2 期。

在新中国成立后，中国共产党提出了"另起炉灶"、"打扫干净屋子再请客"、"一边倒"三项基本外交战略，为新中国的国际形象进行了清晰的定位。① 一方面，当代以来，中国采取制作宣传片、推广中国文化、打造中国品牌等各种措施塑造国家形象。中国国家形象宣传片在美国纽约时报广场电子屏播出，让美国观众了解一个更直观更立体的中国国家新形象；中国电视剧《媳妇的美好时代》意外走红非洲，1亿多非洲同胞捧场"中国好媳妇"；纪录片《舌尖上的中国》更令国外电视台和版权商趋之若鹜。另一方面，中国在对外传播，塑造国家形象的过程中也面临一些问题。中国传播技术落后、手段单一、传播实力较弱，既是传媒大国，又是传媒弱国，不利于中国构建国家形象。② 中国国家形象传播战略中存在的一大问题是政府力量与民间力量的配合不够。③ 中国经济飞速发展的现实与国家形象呈现与传播的现状极不相称，关于国家形象塑造的理论研究与国家形象呈现的可操作性对策严重脱节，有限的传播方式探索与良性传播效果评估机制极不匹配。④

中国国家形象塑造过程中，要积极尝试一些切实可行的有效传播方式，塑造国家正面形象。处理国家形象传播中意识形态的问题时，应该格外注意利用意识形态进行国家形象传播的局限性，⑤ 及时向国外公众传播权威、有效、顺畅、快捷的公共信息，建立突发事件新闻传播及沟通渠道，防止国外新闻媒体的误读、误报，甚至歪曲中国国家形象。"智库"在美国对外政策决策、国家战略传

① 门洪华、周厚虎：《中国国家形象的建构及其传播途径》，《国际观察》2012年第1期。
② 门洪华、周厚虎：《中国国家形象的建构及其传播途径》，《国际观察》2012年第1期。
③ 吴友富：《战略视域下的中国国家形象传播》，《国际观察》2012年第4期。
④ 林少雄：《国家形象的视觉呈现与传播策略：以国家形象片为例》，《科学发展》2012年第7期。
⑤ 李彦冰：《政治合法性、意识形态与国家形象传播》，《现代传播》2012年第2期。

播、国家形象塑造等方面发挥了巨大的作用。借鉴西方发达国家的经验，在中国的对外战略以及国家形象的塑造和传播中，应该积极推进国家级"智库"的建设，充分发挥他们的智囊参谋作用。① 从节日色彩传播角度恰当塑造国家形象，能够从民众渠道比较柔和地接触西方，所塑造的国家形象能够在西方得到更好的传播。② 加大民众参与国家形象塑造的过程，坚持以群众为基础，有利于国家形象的塑造和维护。

（二）在信息化、网络化、城镇化的国内形势下，政府科学执政需要科学传播

政府形象伴随政府而产生，对政府的生存和发展有着至关重要的意义。政府"怎么做"是提升政府形象之"本"。以民为本、为民着想，真正为群众办实事，得到公众的认可和支持，确立社会对政府的信心和信任，然后才能"推销"政府的理念、服务、影响，通过形象传播来塑造、改善、提升政府形象。③ 在政府形象维护中，政府自身要勇于发声、善于发声，学会运用自身的影响力科学设置议题，主动建构舆情。④ 面对新的形式和任务，以科学的思维处理政务，大力加强政府执政能力，推动政府形象向着更加负责、廉洁、高效、科学的方向发展。科学执政是指党要按照科学的思想、科学的制度、科学的方式来执政，把加强党的执政能力建设建立在科学的基础之上。执政方式的科学化影响着执政的效果和水平，进而影响政府形象的塑造。

政府科学决策是执政方式科学化的一个方面，科学决策需要科

① 吴友富：《战略视域下的中国国家形象传播》，《国际观察》2012 年第 4 期。
② 崔莉萍：《中国传统节日色彩传播中的国家形象》，《艺术百家》2012 年第 4 期。
③ 曹劲松：《政府形象传播的现实困境及其破解路径》，《南京社会科学》2012 年第 6 期。
④ 曹劲松：《政府形象传播的舆情分析》，《江海学刊》2012 年第 3 期。

学传播。科学传播有利于政府在执政过程中得到群众反馈，进而制定更加科学的决策。在网络日渐发达的今日，网民们就许多突发事件和社会热点问题展开了激烈讨论，掀起了一波又一波的网络舆情风潮，突发事件的应急处置、政府公信力、社会经济健康发展面临着巨大的挑战。① 面对变幻莫测的网络舆情，"堵"一定不是最好的办法，"封"则无异于螳臂当车，政府提高应对水平才是网络舆情理性发展的必要保障，用确凿的事实和科学的引导压缩谣言、噪声、杂音的生存空间。② 方付建、汪娟以 10 个典型突发网络舆情危机事件的资料为基础，分析得出政府减少回应时隔、增加回应次数、拓展回应主体、调整回应策略等有利于提高突发网络舆情危机事件的回应效果。③ 公共危机事件的频发，只有敏锐地抓住危机信息传播中影响政府形象的环节和因素，才能有效维护和提升政府的形象。④ 美国学者费姆·邦茨（k·Feam·Banks）认为："一个有效的传播不仅能减轻危机，还能给组织带来比危机发生之前更为正面的声誉，而低劣的危机处理则会损伤组织的可信度、公众的信心和组织多年来建立起来的信誉。"政府在处理公共危机事件时，客观、科学、公正、真诚的态度能够增加政府的公信力。积极推动政务信息公开透明，保障公民的知情权、参与权和监督权，科学规制公权力的合理使用和社会资源的合理配置，努力提高政府公信力，切实维护政府形象。⑤

---

① 张玉亮：《突发事件网络舆情的生成原因与导控策略——基于网络舆情主体心理的分析视阈》，《情报杂志》2012 年第 4 期。
② 陈兵：《社交网络、网络舆情与政府应对》，《中国出版》2012 年第 8 期。
③ 方付建、汪娟：《突发网络舆情危机事件政府回应研究——基于案例的分析》，《北京理工大学学报》2012 年第 3 期。
④ 吴佳妮：《政府形象建设视域下公共危机信息传播控制研究》，《中国出版》2012 年第 8 期。
⑤ 刘建华、斯琴格日乐：《网络舆情视角下的地方政府公信力的政治考量》，《宁夏社会科学》2012 年第 3 期。

新媒体技术的不断发展，对政府执政能力提出了新要求。温家宝总理在十届人大三次会议上的《政府工作报告》中谈到建设服务型政府时指出：“大力推进政务公开，加强电子政务建设，增强政府工作透明度，提高政府公信力。”[1] 可见，政府已开始利用新媒体开展政务工作。政府工作人员的媒介素养对政府形象的塑造起到重要的作用。[2] 政府加大了对新媒体的利用程度，不断地加强网络和社会民意的调查，了解民众诉求，建立有效的、常规的、制度化的诉求表达渠道，进而有效减少网络空间的反向认知和政治冷漠。[3] 政务微博的出现有利于政府部门及时地了解民情、征求民意，积极吸纳民众的智慧，更好地科学执政。[4] 为防止非主流意见混淆视听，应该注意培养一批坚持正确导向、熟悉网络语言、了解网络传播技术和传播技巧的网络“意见领袖”，强化主流言论，孤立非主流言论，以此来引导网络民意的方向。[5] 新的媒体环境是执政方式科学化的重要契机，充分利用新媒体资源，可以科学地、清楚地了解人民群众的诉求，更好地为人民服务。

三　坚持群众路线需要科学传播

深入贯彻党的群众路线，紧紧依靠群众，实现中华民族伟大复兴的中国梦。习近平主席指出“中国梦归根到底是人民的梦，必须紧紧依靠人民来实现，必须不断为人民造福”。这充分表明，中

---

① 《政府工作报告》，http：//www. ce. cn/xwzx/gnsz/200703/04。

② 裴志林、张传香：《政府的媒介素养与重大突发事件的处理》，《学习与探索》2012 年第 6 期。

③ 王国华、邓海峰、王雅蕾、冯伟：《网络热点事件中的舆情关联问题研究》，《情报杂志》2012 年第 7 期。

④ 王娟：《提高官员政务微博媒介素养的策略研究》，《现代传播》2012 年第 4 期。

⑤ 李岩、曾维伦：《新媒体环境下党的执政能力建设面临的挑战与对策》，《重庆交通大学学报（社科版）》2012 年第 2 期。

华民族伟大复兴的中国梦与群众息息相关。中国共产党取得胜利的重要法宝是一切为了群众、一切依靠群众，从群众中来、到群众中去的群众路线。坚持党的群众路线，必须着力解决群众反映强烈的重大突出问题。伴随着生产力的迅猛增长，传统社会价值体系的转变，虚拟世界与现实世界的相互依存和渗透，当今世界各国已普遍面临着各种自然灾害、事故灾害和社会安全事件等突发性危机事件，公共危机进一步常态化、多元化和系统化。重大危机事件给人民群众带来了严重的危害，重大事件的处理是对党的群众路线的严峻考验。重大事件的报道要以民生为视角，新闻联播在有关"神八"的报道中，特别讲到在神舟八号飞船上，开展了17项空间生命科学实验，它们中既有探索生物现象和生命过程的基础研究，也有为人类疾病寻找药物，这就是广大观众所关心的"神八与我"的关系。[1]

（一）新时代背景下，重大事件的处理需要科学传播

当前社会背景下，重大突发事件频发，严重影响人民群众的切身利益，科学、合理地处理事件，才能保障人民的利益。从群众立场出发，坚持以人为本，解决人民群众最关心、最直接、最现实的问题。突发事件具有较大的社会冲击力，在事件发生后短时间内就能迅速成为舆论关注的焦点。[2] 发达的传统媒体与新兴的社会媒体对灾害事件的深度聚焦，在一定程度上影响了大众对灾害程度的判断。[3] 若不及时有效地处理，会导致较严重的后果。政府作为处理

---

① 王健：《新闻选题的报道策略——以中央电视台〈新闻联播〉为例》，《声屏世界》2012年第3期。

② 刁姗姗：《突发事件传播中媒体微博的价值与功能》，《东北农业大学学报（社会科学报）》2012年第3期。

③ 陶鹏、童星：《灾害概念的再认识——兼论灾害社会科学研究流派及整合趋势》，《浙江大学学报（人文社会科学版）》2012年第2期。

危机的主体，必须发挥积极主动的效用，正确引导危机信息的传播，避免信息传播"失衡"的出现，才能有效解决危机问题。①2012 年 7 月 21 日北京遭遇 61 年最强暴雨，暴雨引发房山地区山洪暴发，最终造成 77 人遇难，全市经济损失近百亿元。在处理重大事件时，要及时、准确地公布信息，并争取获得群众的信任和支持，推出科学的处理方案。

重大事件的处理过程中，媒体对事件的科学传播起到至关重要的作用。主流媒体及时传播事件信息，引导正确信息的传播，有助于问题的有效解决。罗潇潇、何跃、熊涛以"柳州镉污染事件"为例研究发现，权威信息影响巨大且社会效应基本体现为正面，随着权威信息的发布，行动类和疑问类微博的比例减少，观点类和情绪类微博趋于平稳。②匡文波、郭育丰研究"7·23"甬温线高铁事故事件发现，铁道部没有及时对如何救援、采取何种措施以及为什么采取这种措施等相关的信息进行公布，致使事件的模糊性增强，公众猜测不断，微博上的谣言乘势肆虐。③崔彬、伊静静基于江苏省 862 份调查数据研究发现消费者对相关机构监管作用和事件信息披露真实性感知比较中，新闻媒体排在首位。④陈涛、谢宏佐基于 6643 份问卷的调查问卷，得出要提升大学生参与应对气候变化行动意愿，必须努力提高他们对气候变化的关注程度和了解程度；要提高大学生对气候变化给人类的生存环境和健康带来危害的认知程度，就必须让他们更为清楚地了解全球在应对气候变化方面

① 毛伊辛：《突发公共危机事件中的政府传播策略——以 7·23 动车事件为例》，《现代物业》2012 年第 1 期。

② 罗潇潇、何跃、熊涛：《突发公共事件中权威信息对微博内容的影响研究——以柳州镉污染事件为例》，《图书情报工作》2012 年第 11 期。

③ 匡文波、郭育丰：《微博时代下谣言的传播与消解——以"7·23"甬温线高铁事故为例》，《国际新闻界》2012 年第 2 期。

④ 崔彬、伊静静：《消费者食品安全信任形成机理实证研究——基于江苏省 862 份调查数据》，《经济经纬》2012 年第 2 期。

所做的工作和付出的努力。① 在《华尔街日报》报道中，采取多元的形式叙述者叙述，使得报道内容更丰富，事件更真实全面；大量采访专家学者这类旁观者，在灾难性新闻报道中的作用也凸显出来，不仅客观中立，也为读者对事实的判断进行了权威的分析引导。② 面对重大突发事件时，及时、全面、公开地报道，对事件的控制和社会的稳定发挥了重要的作用。

（二）公众对重大事件认识需要科学传播

公众对重大事件的充分认识能够减轻事件发生时的恐慌度，降低重大事件的危害性。对重大事件所涉及相关知识的科学传播，保障公众了解和掌握相关的知识。日本福岛核泄漏事件发生后，通过科普教育、大众宣传等手段使公众与科学家进行互动，进而使公众了解核技术与核安全的相关知识以及我国目前的能源结构与能源需求，避免公众对核能技术的恐慌情绪。③ 对重大新闻事件和重大媒体事件，电视新闻媒体一般都会采用 24 小时全天候新闻现场直播的方式将大量的信息投递给观众，重复循环、实时更新的海量信填补每一个可能遗漏掉的传播现实的机会，避免公众接收到不全面的信息。④ 组织学生观看有关生命科学的影视，了解生命的起源等知识，在传统的教授知识的体系下，通过借助生活重大事件针对性地开展生命教育，促进学生健康、全面、和

---

① 陈涛、谢宏佐：《大学生应对气候变化行动意愿影响因素分析——基于 6643 份问卷的调查》，《中国科技论坛》2012 年第 1 期。
② 王擎、朱薇：《灾难性新闻报道叙述者探析——以〈华尔街日报〉对日本大地震的报道为例》，《现代传播》2012 年第 3 期。
③ 郭跃、汝鹏、苏竣：《科学家与公众对核能技术接受度的比较分析——以日本福岛核泄露事故为例》，《科学学与科学技术管理》2012 年第 2 期。
④ 隋岩、李悦：《电视直播在重大事件报道中构建软实力的优势》，《编辑学刊》2012 年第 2 期。

谐发展。① 要用科学知识充实思想政治教育内容，用大量的科学实验、科学数据、科学经验取代单纯的说教和肤浅的解释，让公众充分认识重大事件的缘由，坚定群众最终战胜突发事件的信心和决心。②

科学传播重大事件中所激发的民族精神，加强中华民族的凝聚力。2012 年天宫一号与神九成功对接，特别能吃苦、特别能战斗、特别能攻关、特别能奉献、特别能创新高度概括了"载人航天精神"，科学传播航天知识、航天精神，让公众了解中国的航天事业，增强国家荣誉感。③ 在重大事件中，要加强理性爱国的教育，面对钓鱼岛、黄岩岛对峙事件决不能动辄采取极端方式发泄情绪，更不能受别有用心的人挑拨，做出有损祖国和人民利益的事。④ 以突发事件为载体，夯实大学生责任意识与荣辱观，汶川地震救灾过程中，全国人民万众一心、众志成城，救灾官兵舍生忘死、冲锋在前，无数志愿者不畏艰险，心系灾民，这是社会主义核心价值观的现实表达，也是开展相关教育的现实教材。⑤

四 努力提高全民族的思想道德素质和科学素质需要科学传播

全面建设小康社会，实现中华民族伟大复兴的中国梦，迫切需

---

① 朱建文：《让教育在生活中"活"起来——基于生活重大事件开展中小学生生命教育的探讨》，《科教导刊》2012 年第 3 期。

② 蹇渊明：《如何做好重大事件中的思想政治工作》，《东方企业文化》2012 年第 13 期。

③ 干承武、干成俊：《社会主义核心价值体系——中华民族伟大复兴主流价值》，《南昌航空大学学报（社会科学版）》2012 年第 2 期。

④ 陈君生：《论近年来影响中国重大事件中的民族精神培育与弘扬》，《衡阳师范学院学报》2012 年第 5 期。

⑤ 王洁：《社会主义核心价值观融入重大事件教育的路径探析》，《高等函授学报（哲学社会科学版）》2012 年第 9 期。

要提高全民族的思想道德素质和科学素质。我国全体人民的思想道德素质和科学文化素质越高，推进先进生产力发展的能力就会越强，我国的改革开放和现代化建设事业就越能得到更快更好的发展，就越是有利于中华民族伟大复兴目标的实现。江泽民曾指出："如果轻视思想政治教育、历史知识教育和人格培养，那就会产生很大的片面性，而这种片面性往往会影响人一生的轨迹"。① 思想道德素质既能为创新实践提供源源不断的精神动力和正确的价值取向，又能提创新实践提供科学的世界观和辩证的思维方法。② 全民族思想道德素质的提高，使社会更加和谐温馨，为中华民族伟大复兴提供强大的精神力量。

提高公众的科学文化素质，能够使公众能从科学的角度看待问题，破除封建迷信思想，做出正确的选择。国外很久以来就十分重视公众科学文化素质的培养。1994 年美国克林顿政府将"提高全体美国人的科学和技术素养"列入政府科技工作五大目标；1955 年日本在《科学技术基本法》中确定提高公众对科技的理解，改变公众对科技的态度是政府科技工作的重要任务；1997 年韩国政府推出"科学技术大众化计划"；1999 年德国政府推出"与科学对话：公众理解科学与人文"行动计划。我国公众科学素质较低，需要通过各种途径提高公众科学文化素养，助力中华民族伟大复兴的中国梦。

（一）公众思想道德素质的培养需要科学传播

公众思想道德教育有助于提升公众的思想道德素质，科学传播可以提升公众思想道德教育的效果。随着城市化、现代化、信息化

---

① 《江泽民文选》第 2 卷，人民出版社，2006，第 332 页。
② 吴潜涛、王雅丽：《思想道德素质：创新型人才的灵魂》，《思想教育研究》2012 年第 8 期。

和文化价值的多元化，社会环境正在发生着深刻的变化。社会中存在极端个人主义、唯利是图、道德失范、诚信缺失等不良风气，且抢劫杀人、爆炸、盗窃等事件时有发生，这充分体现公民思想道德素质偏低，思想道德教育不到位。江泽民指出："要说素质，思想政治素质是最重要的素质。不断增强学生和群众的爱国主义、集体主义、社会主义思想，是素质教育的灵魂。"① 只有全社会都重视高校的思想道德素质教育，以此为高校教育之本，才能使国家和谐发展。②

以人为本作为科学发展观的核心内容，指导着新时期思想道德教育方法的科学化发展。新时期聋校的德育工作应坚持深入学习实践科学发展观，以素质教育为中心，坚持德育与基础教育、技能教育协调发展，学校教育与家庭教育、社会教育协调发展，传统德育方式与现代德育方式协调发展，思想道德教育与心理品质教育协调发展，学生德育工作与教师职业道德建设协调发展的根本方针，积极推进聋校德育工作。③ 体验教育作为一种先进科学的教育方法，强调的是组织和引导少年儿童在丰富多彩的实践教育中感悟道理，激发情感，在接触社会，参与社会实践过程中，通过亲身体验，把做人做事的道理转化为内在的品质，把一系列德育目标内化为队员的自身基础。④ 针对当今的教育工作，必须将科学的发展观作为我们教育工作的统领，努力培养学生的创新理念、开拓学生的创造性思维，提高学生的思想品德教育的整体效能。⑤ 定期或不定期地开

---

① 《江泽民文选》第 2 卷，人民出版社，2006，第 332 页。

② 刘颖、刘丽娜：《新时期大学生思想道德素质实现途径研究——书院制在大学生素质养成中的作用》，《科教文汇》2012 年第 7 期。

③ 贾文蓉、石彩秀：《运用科学发展观积极推进聋校德育工作》，《吉林省教育学院学报》2012 年第 3 期。

④ 毛晓峰：《用体验教育的理念统揽少先队思想道德教育》，《中国校外教育（基数版）》2012 年第 11 期。

⑤ 蒲丽娜：《浅谈思想道德教育对当代大学生的影响》，《科教文汇》2012 年第 19 期。

展主题活动，向青少年传播科技知识、科学方法和科学思想，培养青少年热爱科学的热情，加强思想道德教育。[1] 抢占新媒体制高点，建设一批有影响、有特色的骨干网站，占领网络阵地。把科学理论武装、先进文化传播、形势政策宣传教育等方面的内容契入网络，[2] 既要充分利用网络资源，又要学会过滤信息，抵制各种诱惑，正确处理好网络世界与现实世界的关系，历练顽强意志，坚守做人的底线，提升人的价值。[3]

（二）全民科学素质的提升需要科学传播

科学普及是提高全民科学素质的重要途径和渠道，科学普及离不开科学传播。联合国的《全民教育世界宣言》将"科学素质"视为像"人的生存权"那样的天赋权利，是人之发展所必需。公众科学素养已经开始影响现代社会人们的生活质量与生活的幸福感，公众基本科学素养的缺乏成为公众能有效而方便地参与到现代科技决策的重要障碍。[4] 英国皇家学会《公众理解科学报告》指出：提高公众理解科学水平是促进国家繁荣、提高公众决策和私人决策的质量，丰富个人生活的重要因素。[5] 具有高科学素质的人，才有能力透视科学发展的进程和正确评判执政水平的高低。[6] 我国十分重视公众科学文化素质的建设，2006 年 2 月 6 日，国务院发

---

[1] 许尔君：《科学发展观视域下的青少年思想道德教育机制构建》，《山西青年管理干部学院学报》2012 年第 1 期。

[2] 杨文：《全球化视野下中国青少年思想教育工作的路径选择》，《新远见》2012 年第 10 期。

[3] 黄广晋：《文化强国背景下的大学生思想道德素质养成》，《忻州师范学院学报》2012 年第 4 期。

[4] 王劲：《科技决策中公众参与的实践论》，《求索》2012 年第 4 期。

[5] 英国皇家学会：《公众理解科学》，唐英英译，刘华杰校，北京理工大学出版社，2004，第 5 页。

[6] 孙宇、张园：《科学传播、科学教育与全民科学素质培养》，《学术界》2012 年第 5 期。

布实施《全民科学素质行动计划纲要（2006～2020 年)》，旨在全面推动我国公民科学素质建设，并提出到 2020 年我国公民科学素质要达到世界主要发达国家 21 世纪初的水平。第八次中国公民科学素养调查结果显示，2010 年我国具备基本科学素养的公民比例达到了 3.27%，目前我国公民科学素养水平相当于日本、加拿大和欧盟等主要发达国家和地区 20 世纪 80 年代末、90 年代初的水平。①

近年来中国公众科学文化素质的改善效果不佳，需要用更加科学的方式和方法推动公众科学文化素质建设。公民科学素养的高低与科学传播的力度成正比例关系，为了提高我国公民的科学素养，必须大力推进面向公众的科学传播，将科学活动中产生的相关文化价值如科学精神、思想、方法、态度等，通过各种方式和途径向公众进行有效传播。② 发达国家将科学传播模式已逐步由基于科学家共同体立场的"欠缺模式"、基于政府立场的"中心广播模式"，转变为基于公众立场的"对话模式"。③ 大众传播媒体是公民接受科学技术知识的重要途径，充分利用互联网的优势，加强科普网站建设，建立网上虚拟科技博物馆，努力形成全方位、立体型的科学技术知识普及传播网络。④ 在新媒体形势下，科普期刊的微博对科学文化知识的传播起到了重要的作用。张光斌以新浪微博为例，研究发现科普期刊的微博主要以新闻事件为由头谈起，运用科学知识解析社会热点议题，帮助公众从科学的角度解读公共事件；同时，

---

① 《第八次中国公民科学素养调查结果公示》，http：//news. youth. cn/kj/201011/t20101125_1410314. htm。

② 高剑平：《科学哲学：多元化、碎片化与内在一致化——基于历史唯物主义的视野》，《科学学研究》2012 年第 2 期。

③ 王福涛、范旭、汪艳霞：《中国科普政策功能研究——基于法兰克福学派批判理论的分析》，《自然辩证法研究》2012 年第 10 期。

④ 荆培君、秦彤：《试论提高公民科学文化素质与构建和谐社会》，《山西煤炭管理干部学院学报》2012 年第 1 期。

微博互动的便捷和低门槛，大大拉近了科普期刊和读者的距离，使读者的参与感大大增强。①

"让科学走近公众、让公众理解科学"是科技传播的重要任务之一。要完成这一任务，就必须用浅显的语言，大众化的视角把深奥的专业知识转化为普通受众能够理解的信息，这是科学传播必须坚持的原则。这就需要传媒从业人员具有较高的科学素养和理性思维能力，也需要科学界主动与媒体对话，通过媒体向公众传播科技信息，承担起提高公众科学素养的历史责任。②

五 各种科学传播的渠道创新成为实现中华 民族伟大复兴的生力军

随着城市化、工业化的发展，网络化、数字化和多媒体等新技术的出现带来了一场广泛的信息革命，深刻改变着人类传播的生态环境。传统的科学传播渠道（广播、电视、报纸、讲座、书籍、杂志和宣传栏等）和一系列新媒体（以互联网和卫星等为途径，以电脑、手机、数字电视等为终端）向受众提供海量的信息。媒体的快速发展对中国共产党的建设带来了挑战，理性运用媒体，化挑战为机遇，把传统媒体和新媒体成为实现中华民族伟大复兴中国梦的一支生力军。

建立科学界与新闻界之间的互动与合作机制，树立共同承担科学传播社会责任、履行科学传播社会义务的良好意识，最大限度地防止科学在传播过程中被歪曲或误读。③ 新媒体具备交互性与即时

---

① 张光斌：《科普期刊的微博内容分析及其应用研究——以新浪微博为例》，《科技与出版》2012年第6期。
② 陈鹏、刘星河：《当下科学传播存在的一些问题》，《现代传播》2012年第4期。
③ 陈鹏、刘星河：《新媒体时代下的科学传播》，《理论视野》2012年第4期。

性、海量性与共享性、多媒体与超文本、个性化与社群化等典型特征，为现代科普工作带来了许多新的理念和模式。① 以科学知识传播为主要功能的大众地理类杂志面向的是社会普通大众，充分了解受众的阅读特点，用通俗、形象的语言传播地理学知识才能增强杂志的吸引力。《中国国家地理》在改刊之初就提出了"推开自然之门，昭示人文精华"的办刊宗旨，就是对科学传播概念的一种诠释。② 又如以《别对我撒谎》为例对美剧中的科学传播进行了探讨，流行科学（娱乐科学）的确不等于科学，流行文化和科学的结合并不一定能让公众掌握准确的科学知识，但其在培养观众对科学的感觉、激发观众对科学知识的兴趣方面具有重要意义。通过将科学与流行文化的完美结合，使科学走出实验室的围墙，走进普通公众的日常生活，让公众生活在一个充满科学文化的世界里，从而提升公众科学素养是科普工作者的目标。③

（一）新媒体中科学传播的创新

胡锦涛同志曾指出，"互联网已成为思想文化信息的集散地和社会舆论的放大器，我们要充分认识以互联网为代表的新兴媒体的社会影响力"。在互联网时代，知识分子在提升网络文化公共性方面有着不可替代的优势，知识分子话语背后体现的理性思考、权利意识和匹夫责任等公共性成分在开放、互动的网络空间中实现了对公众的直接动员，有助于唤醒公民意识，有助于鼓励公民政治参与。④ 现

① 赵军、王丽：《新媒体在科普中的应用及相关问题研究》，《科普研究》2012 年第 6 期。
② 马步匀：《科学传播视域下的大众地理类杂志》，《科技传播》2012 年第 22 期。
③ 蒋丽平：《美剧中的科学传播——以〈别对我撒谎〉为例》，《新闻世界》2012 年第 7 期。
④ 宫承波、范松楠：《网络文化公共性建设中的知识分子作为》，《山东社会科学》2012 年第 8 期。

代传媒技术实现着文化传播的附加增值，全球化的技术革新使得传播步入了全媒体整合信息的时代，社会公众也享受着多媒体传播带来的信息分解便捷。① "意见领袖" 在顾客口碑传播网络中具有重要的意义，"意见领袖" 可以在很大程度上促进信息在网络中的传播速度和传播范围，更重要的是 "意见领袖" 所传播的信息信任度高、影响力大。②

新媒体为科普传播提供了新平台，打破时间和空间限制，更加有利于科普信息的传播和获取。科普爱好者可以通过聊天工具、论坛、贴吧、电子邮箱、博客、微博等，与他人交流、讨论、互动，及时发布自己对某一科学事件的看法，挖掘出受众对科普的需求或反馈意见，把需求作为创作、传播的指导方向，为科普发展开辟了新途径。③ 蔡骐、刘毅通过研究果壳网的案例发现，果壳网总是在尽可能地开发与培养大众对科学的兴趣，引领大众去探索奇妙的科技世界，形成一种提倡 "爱科学、用科学、玩科学" 的科学亚文化。④ 嵇晓华、吴欧、刘旸通过分享果壳网和科学松鼠会上的科学传播与科学研究相互促进的案例，提出新媒体为科研工作者从事科学传播提供更加广泛的平台，与受众进行互动与反馈的频率更高，形式更加多样。⑤ 在遇到包括气候变化、原子能、转基因生物、禽流感、猪流感、疯牛病和血液污染等危机事件中，媒体的参与以及引起的讨论也会带来科技的概念和观点，这些概念和观点被公众所接受，并由此提高了欧洲国家民众对

---

① 黎泽潮：《全媒体时代跨文化传播的信息安全》，《新闻与传播研究》2012 年第 1 期。

② 罗晓光、溪璐路：《基于社会网络分析方法的顾客口碑意见领袖研究》，《管理评论》2012 年第 1 期。

③ 罗子欣：《新媒体时代对科普传播的新思考》，《编辑之友》2012 年第 10 期。

④ 蔡骐、刘毅：《网络虚拟社区中的科学传播——以果壳网为例》，《湖南大众传媒职业技术学院学报》2012 年第 6 期。

⑤ 嵇晓华、吴欧、刘旸：《实践案例分享与思考：科学传播如何促进科研》，《科普研究》2012 年第 5 期。

科学的理解。① 作为科学传播展示手段之一的新媒体艺术，只是科学传播的一种媒介，其创作与设计需以科学启蒙和科学内容传播为最终目的。②

（二）传统媒体中科学传播的创新

在网络化、数字化的新媒体趋势下，传统媒体面临着巨大的挑战，但其对科学传播仍起重要作用。《少年中国》月刊作为少年中国学会的机关刊物，在没有官方支持，没有实业机构赞助的情况下，凭着五四时期青年学生的理想热情、执着信念和顽强精神，将"科学的精神"与"社会的活动"联结，从事创造少年中国活动。③以现代报业为代表的大众媒介在传播信息的同时，传播城市文化、传播城市发展的理念、传播城市人共同的价值观，使城市增强凝聚力，加速了城市化的进程。④《2011 年美国数字媒体发展报告》指出，传统媒体新闻网仍是最受欢迎的在线新闻来源，媒体的声望依旧是第一位的，美国前 25 位新闻网站的排行每年基本稳定，这其中的 2/3 由传统媒体机构运营。⑤ 传统媒体成熟的新闻理念、丰富的新闻经验、专业的手法、理性的态度成就了传统新闻媒体的公信力和权威性，促使其在微博平台上脱颖而出。⑥ 同时，传统传播格局中的官方主流传统媒体长期形成了套路化的表达方式，在置身于

---

① MichelClaessens：《欧盟科研和国际热核聚变实验堆（ITER）计划中的科学传播政策》，《科普研究》2012 年第 5 期。

② 张楠、詹琰：《科学传播中新媒体艺术的文化诉求》，《自然辩证法研究》2012 年第 9 期。

③ 白秀英、姚远：《〈少年中国〉与其自然科学传播》，《中国科技期刊研究》2012 年第 3 期。

④ 潘贤强：《新传播环境下的媒体与城市互动》，《新闻战线》2012 年第 10 期。

⑤ 郑蔚雯：编译《数字媒体生态复杂新旧媒体竞合趋势凸显——2011 年美国数字媒体发展报告》，《新闻记者》2012 年第 6 期。

⑥ 王春枝：《传统主流媒体做大微博的关键及反思》，《中国记者》2012 年第 10 期。

瞬时蔓延的微博天地，这套话语体系仍显得过于正式、单向表达和极不自然。①

传统媒体在新的环境和形势下，应该紧跟时代步伐，更新传播理念、创新传播方式。《现代评论》（周刊）的出版，在强化科学理念、营造科学氛围、丰富科学知识和培养科学情趣方面，扩大了科学观念的传播，对驱除社会上弥漫的反科学的雾霾产生了积极作用。② 传统纸媒应对新媒体的挑战，争取读者，寻求发展空间，先要了解读者的需求找到自己的优势所在，针对新媒体的弱点和软肋，为读者提供差异化的阅读。③ 美国传统媒体发布的微博有93%提供了自家网站的链接，通过"系列化"的"内容提要＋链接"的形式，把粉丝从微博导向媒体自身平台。④ 面对新的媒体环境，《京华时报》更新理念"宣传＋新闻＋服务"，在做好新闻报道、提高新闻质量、完善民生服务的同时，加强都市报的"宣传"功能，更好地搭建政府与百姓的沟通桥梁；根据"三贴近"原则，更生动、更可读、更有效地报道时政、时事新闻，加强时事新闻的解读，改进典型人物的报道，创新指令性报道的文风。⑤

传统媒体积极创新的传播方式，应对传播环境的变化。《燕赵都市报》积极探索从传统媒体向新媒体的转型，遵循"三媒一体，资源共享"的运作原则，先后创办运营了燕赵都市网和以《燕赵都市报》手机报为代表的燕都移动传媒，三媒一体整体运作使燕赵都市报经营再创新高，独特的三媒一体运营模式为全国传统媒体

① 贾奋勇：《传统媒体接轨微传播要诀——浅论传统媒体的微博表达》，《中国记者》2012年第10期。
② 沈毅：《〈现代评论〉与科学传播》，《中国出版》2012年第14期。
③ 田科武：《自媒体时代传统媒体如何突围》，《新闻实践》2012年第10期。
④ 王春枝：《传统主流媒体做大微博的关键及反思》，《中国记者》2012年第10期。
⑤ 李洪洋：《〈京华时报〉改版：从传播内容到媒介形态的新布局》，《新闻实践》2012年第9期。

转型新媒体提供了一个新范例。① 阳光重庆网站设置有"阳光重庆热线节目预告"页面与"网友、听众留言互动"页面，"往期回顾"专栏，链接《阳关重庆》热线节目音频点播，并设置"对话主持人"专栏，让听众和网友可以随时给主持人留言并得到及时回复，实现了传统广播节目与网络新媒体结合互动的常态化。② 关注公众利益，把宣传党的方针政策和反映人民群众心声有机地结合起来，在推动经济发展和崔金社会和谐进步中发挥主流主导作用，传统媒体最重要的看家"法宝"是信息的真实性和媒体的公信力，"走基层、转作风、改文风"倡导和要求的作风和文风，正是传统媒体赢得竞争的重要保障。③ 这些研究都为科学传播的研究提供了有用的价值，科技类媒体也要创新方式，更新理念。

六 以媒介素养、科普人才保障 科学传播效果，助推中国梦

良好的科学传播效果可以促使公众理解科学，掌握必要的科学知识，提高公众的科学素养，进而提高人们的科学意识，而科学素质的提高是社会进步的力量，对实现中华民族伟大复兴意义重大。坚守自己的文化阵地就必须积极发声，拥有话语权、主动权，利用现代传媒体系公开表达，因此，拥有较高的媒介素养，具备一定的媒介认知和媒介使用能力的大学生群体，势必成为传播民族传统文化的生力军。④ 传播学的历史告诉我们，媒介素养的高低将直接决

---

① 李炳庠、侯鑫辉、张劭瑜：《危机时代传统媒体的自救图强之路——〈燕赵都市报〉"三媒一体"模式浅探》，《中国报业》2012 年第 18 期。

② 黄晶、员晓朋：《网络与传统媒体的有效结合——以重庆新闻广播阳光重庆网为例》，《新闻前哨》2012 年第 9 期。

③ 洪燕、何彬：《传统媒体强基固本之道》，《新闻前哨》2012 年第 9 期。

④ 常凌翀：《浅析少数民族大学生媒介素养教育与民族文化传播》，《理论界》2012 年第 6 期。

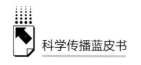

定媒介使用的后果。1938 年广播剧《火星人入侵地球》在美国引起轰动，成千上万的人误以为火星人真的在进攻地球，世界末日到了，恐慌一时间笼罩美国。[①]

科学的普及能够增加公众的科技知识，帮助公众以科学的态度面对处理事情。没有被传播、被普及应用的科学技术对公众没有作用。温家宝总理在中国科协八大会议所做报告中指出："科技不仅是知识和技能，更是一种文化、一种精神。一个科学普及的民族，才是真正有生机、有希望的民族。科学普及工作不仅是普及科学技术知识，更重要的是，要传播科学思想，弘扬科学精神，这对提高中华民族的整体素质是有重要而深远的意义"。面对新的形势和问题，需要有足够的认识，进行观念意识上的调整，提升科普理念，适应宏观上的社会主义市场经济体制运行的特点、规律，深化科普工作的机制体制革新，并在实践中加以完善，为科普事业发展提供持续不竭之动力。[②] 科普人才要努力成为科学知识的传播者、科学精神的倡导者，进而保障科学传播的效果。

（一）媒介素养之于科学传播

面对复杂的媒介环境，客观认识传播媒体，正确使用媒体资源，合理解读媒介信息，最大限度地防止科学在传播过程中被歪曲或误读，需要较高的媒介素养。媒介素养的树立有助于把媒体消费过程转化成积极的和批判的信息吸纳过程，对某些基于不良商业动机和其他罪恶动机所产生的具有严重误导性和杜撰性的信息，具备必要的防御和抵制能力。[③] 提升媒体人的媒介素养，能够更好地引

---

① 丁卓菁：《新媒体环境下老年群体媒介素养教育探讨》，《新闻大学》2012 年第 3 期。

② 谢小军：《我国科普工作面临的形势和挑战》，《中国科技信息》2012 年第 22 期。

③ 高辛凡：《浅论我国高校媒介素养的教育问题》，《经济研究导刊》2012 年第 8 期。

导舆论、服务社会，对事件的处理更加多角度，更注重原创性和多媒体化，更倡导受众参与，更注重与受众的互动。① 政府官员也正是因为媒介素养的缺失，从而面对社会公共事件或进行危机传播时，不知道"我要说"，或不明白"说什么"、"如何说"。媒介信息经常鱼龙混杂、真假难辨，成为滋生假新闻和谣言的温床，媒介素养教的缺失，让许多民众面临信息侵权、解码偏向、媒介依赖等诸多痹症。② 徐君康选取 2010 年与 2011 年发生且发帖上万的两个案例，经分析后发现：诽谤等非理性的看法明显偏高，显示出网民"不经过深入思考"就表露出一些非理性、情绪化言语的现象，体现出网民媒介素养较低。③ 媒介素养是一种在面对复杂多变的媒介信息能够有选择地识别、使用、批判信息，更加全面、深层次地了解传播内容的能力。

　　提高公众媒介素养，把握传播方法，净化媒介环境，保障科学传播的效果。科学传播重视受众对科学信息、专业知识的理解程度，摆脱科学工作者和传播者自身的喜好，时刻注意以受众为中心，在科学传播事件的选择、信息与材料的择取、科技知识表达与科学争论的报道上，做积极的解释，适应受众的接受程度。④ 政府媒介素养的培养需要处理好和媒介的关系，领导干部应当密切关注工作中的亮点，结合政府中心工作，及时向媒体提供有价值的新闻线索，善于总结身边的典型，与媒体配合，塑造典型，弘扬时代主旋律。⑤ 新闻媒体还可以通过相关的新闻报道进行适时引导，通过

① 尹靓：《全媒体时代新闻人应具备的媒介素养》，《青年记者》2012 年第 3 期。
② 张志安：《中国知识精英媒介素养现状研究》，《同济大学学报（社会科学版）》2012 年第 3 期。
③ 徐君康：《数字化时代网民媒介素养非理性表征原因探析》，《中国出版》2012 年第 6 期。
④ 陈鹏、刘星河：《新媒体时代下的科学传播》，《理论视野》2012 年 4 期。
⑤ 王杰、王煌婷：《领导干部媒介素养的调查与思考》，《新闻前哨》2012 年第 1 期。

对正面事例与反面事例的报道让人们了解微博使用过程中的种种现象与问题，同时改进与及时纠正在微博使用过程中的不当行为，提高公众的媒介素养。①

大学生是实现国家未来发展的主要力量，担负着信息正确导向的社会责任，提高大学生的媒介素养至关重要。在媒介素养教育方面，欧美国家做了很多有益的探索。日本成立 FCT 媒介素养研究所，美国设置了媒介素养中心（Centre for Media Literacy，CML），用以追踪媒介素养教育出现的新问题与新变化。② 高校大学生媒介素养教育可以通过构建囊括媒介教育、学校教育和自我教育三位一体的教育体系来实现。其中媒介教育是媒介素养教育的主要影响因素，学校教育是大学生媒介素养教育的主渠道和主阵地，自我教育是媒介素养教育实施的关键途径。③ 学校邀请媒介素养教育专家和传媒业界人士等到高校进行讲座，与大学生进行面对面的交流和沟通让学生通过与学界和业界专家学者的交流和互动，达到更好的认知和使用新媒介的目的，从而提高大学生自身的新媒介素养水平。④ 利用校内以面向学生为主的校报、广播站、电视、网络、电影等校园媒介对学生进行宣传和培训，不仅让青少年学生广泛接触到媒介知识，还让他们广泛参与办报办刊办台，参与校内这些主流媒体组织的各项活动，以获得关于媒介的切身体会。⑤ 培养新疆南疆高校各民族大学生辨识、判断、抗拒境内外分裂分子利用各种方

---

① 孙志伟、郭雅静：《从微博信息传播的潜在风险看用户媒介素养的提高》，《新闻传播》2012 年第 5 期。

② 余秀才：《全媒体时代的新媒介素养教育》，《现代传播》2012 年第 2 期。

③ 朱琳：《新媒介生态视域下大学生媒介素养教育》，《中国轻工教育》2012 年第 5 期。

④ 杨真：《当代大学生新媒介素养的现状及提升》，《河南工业大学学报（社会科学版）》2012 年第 2 期。

⑤ 张雪黎、胡凌霞：《新媒体背景下的青少年媒介素养研究》，《青少年研究山东省团校学报》2012 年第 6 期。

式传播的不良信息，增强其分析、判断信息真伪的能力是非常必要的。①

（二）科普人才之于科学传播

"地震抢盐"、"张悟本事件"等一些社会事件反映出我国的科普现状不容乐观，与生产生活紧密相连的科普知识没有惠及民众，科学普及与科学传播不能满足全民科学素质提高的需求，科学传播效果亟须提高。科学技术对社会的推动作用，不但取决于科技自身的发展，还取决于被公众理解和掌握的程度，科普人才应该承担起这种责任，通过科学传播与普及加强科学对社会的影响。② 2010 年中国科协发布实施了《中国科协科普人才发展规划纲要（2010 ~ 2020 年）》，强调要切实抓好科普人才的培养，提升国家科普能力，为建设创新型国家和构建社会主义和谐社会服务。在我们当前所处的媒体革命时代如何进行科学传播也是摆在科普工作者面前的一个重大课题，新媒体等新的传播手段不断涌现，自媒体、全媒体时代特征日益彰显，人们的交流方式正发生深刻变化，这一切都对科普工作提出了更高的要求。③ 我国积极探索科普人才培养有效方法和措施，并取得了一定的成效。

科普人才作为科普工作的推动者，其能力的提高有助于加强科学传播效果。科普人才是科学知识与普通大众之间沟通的纽带与桥梁，担负着传播科学知识，让科学回归社会的责任。④ 政府、高

① 解庆锋：《新疆南疆高校大学生媒介素养教育的目的与内容》，《东南传播》2012 年第 10 期。

② 田笑明：《科学技术普及是科技工作者的社会责任》，《新疆农垦科技》2012 年第 1 期。

③ 程东红：《在第十九届全国科普理论研讨会暨 2012 亚太地区科技传播国际论坛开幕式上的讲话》，http：//www. crsp. org. cn/show. php？ id = 2862&p = 1。

④ 陈建霞：《建立适应科技馆发展的综合型科普人才队伍》，《东方企业文化》2012 年第 13 期。

校、科普单位等各方面要通力合作，努力建设科普人才队伍。政府方面，充分发挥政府在科普人才培养中的主导作用，将科普人才培养列入国家教育系统，培养高端科普专业人才，建立科普人才培训体系，同时重视基层科普工作人员的职业能力培训，建立职业化的专业科普团队，以此推动我国科普事业的可持续发展。① 各级政府要加强对农村科技工作者工作的投入，建立多元化、多渠道的科技投入体系，保证重大项目和科技活动、科技经费。② 科普部门方面，相关科普部门可以面向不同类型科技工作者开设有针对性的培训班，如青年科技工作者科普培训班、初级专业技术岗位科技工作者培训班等，以促进青年科技工作者、低职称科技工作者参与科普活动。③ 积极拓展科技工作者的视野，让科技工作者在从事科技活动时，更多地了解国家需要，了解地方及产业发展的需求，了解科技发展的趋势。④ 高校方面，与日本相比我国高校的科学传播教育较为明显的不足是培养目标缺乏焦点，课程体系缺乏重点，也就是说整体设计上还缺乏明确、具体的指向，且在实际技能训练上缺乏系统性。⑤ 我国高等教育有必要响应时代的召唤，积极发展科学传播教育，以担负起培养科学传播人才、推动科学传播事业的使命。⑥ 科普人才培养基地建设要着眼于推动科技传播专业研究生培

---

① 杨爱荣：《加快科普人才资源开发破解科普发展瓶颈》，《新乡学院学报（社会科学版）》2012 年第 2 期。

② 黄竞跃、黄寰：《农村科技工作者现状及其与农民科普需求比较的实证分析——以四川省为例》，《学会》2012 年第 3 期。

③ 薛姝、何光喜、赵延东：《我国科技工作者参与科普活动的现状与障碍——基于第二次全国科技工作者状况调查数据》，《中国科技论坛》2012 年第 1 期。

④ 陆根书、孙海鹰：《中国科技工作者社会责任意识基本特征分析》，《西安交通大学学报（社会科学版）》2012 年第 5 期。

⑤ 吴琦来、普宏、孟雷：《关于中日高校科学传播人才培养课程设置的比较研究》，《科普研究》2013 年第 4 期。

⑥ 吴琦来、蒋丽平：《我国科学传播人才现状及教育需求研究——以中西部地区皖、川两省各级科协机关为例》，《中国出版》2012 年第 15 期。

养模式改革，优化研究生培养模式，打造宽专业、厚基础、多类型、多渠道的科普人才研究生教育培养体系。① 此外，对科普专职人才的培养应突破常规，以新媒体技术为载体，进行开放式教育，教材应随着时代的不断更新而更新，应具有对时事的敏锐性，时刻把握科普产业的相关最新知识，进而传授给科普专职人才。②

---

① 任福君、张义忠：《打造高效的科普人才培养体系》，《学习时报》2012 年 2 月 6 日。
② 任嵘嵘、郑念、孙红霞：《我国科普专职人才队伍建设研究》，《科普研究》2012 年第 5 期。

权威报告　热点资讯　海量资源

当代中国与世界发展的高端智库平台

皮书数据库　　www.pishu.com.cn

皮书数据库是专业的人文社会科学综合学术资源总库，以大型连续性图书——皮书系列为基础，整合国内外相关资讯构建而成。该数据库包含七大子库，涵盖两百多个主题，囊括了近十几年间中国与世界经济社会发展报告，覆盖经济、社会、政治、文化、教育、国际问题等多个领域。

皮书数据库以篇章为基本单位，方便用户对皮书内容的阅读需求。用户可进行全文检索，也可对文献题目、内容提要、作者名称、作者单位、关键字等基本信息进行检索，还可对检索到的篇章再作二次筛选，进行在线阅读或下载阅读。智能多维度导航，可使用户根据自己熟知的分类标准进行分类导航筛选，使查找和检索更高效、便捷。

权威的研究报告、独特的调研数据、前沿的热点资讯，皮书数据库已发展成为国内最具影响力的关于中国与世界现实问题研究的成果库和资讯库。

皮书俱乐部会员服务指南

1. 谁能成为皮书俱乐部成员？

- 皮书作者自动成为俱乐部会员
- 购买了皮书产品（纸质皮书、电子书）的个人用户

2. 会员可以享受的增值服务

- 加入皮书俱乐部，免费获赠该纸质图书的电子书
- 免费获赠皮书数据库100元充值卡
- 免费定期获赠皮书电子期刊
- 优先参与各类皮书学术活动
- 优先享受皮书产品的最新优惠

社会科学文献出版社 皮书系列
SOCIAL SCIENCES ACADEMIC PRESS (CHINA)
卡号：8570369786616139
密码：

3. 如何享受增值服务？

（1）加入皮书俱乐部，获赠该书的电子书

第1步 登录我社官网（www.ssap.com.cn），注册账号；

第2步 登录并进入"会员中心"—"皮书俱乐部"，提交加入皮书俱乐部申请；

第3步 审核通过后，自动进入俱乐部服务环节，填写相关购书信息即可自动兑换相应电子书。

（2）免费获赠皮书数据库100元充值卡

100元充值卡只能在皮书数据库中充值和使用

第1步 刮开附赠充值的涂层（左下）；

第2步 登录皮书数据库网站（www.pishu.com.cn），注册账号；

第3步 登录并进入"会员中心"—"在线充值"—"充值卡充值"，充值成功后即可使用。

4. 声明

解释权归社会科学文献出版社所有

皮书俱乐部会员可享受社会科学文献出版社其他相关免费增值服务，有任何疑问，均可与我们联系

联系电话：010-59367227　企业QQ：800045692　邮箱：pishuclub@ssap.cn

欢迎登录社会科学文献出版社官网（www.ssap.com.cn）和中国皮书网（www.pishu.cn）了解更多信息

　　"皮书"起源于十七、十八世纪的英国，主要指官方或社会组织正式发表的重要文件或报告，多以"白皮书"命名。在中国，"皮书"这一概念被社会广泛接受，并被成功运作、发展成为一种全新的出版形态，则源于中国社会科学院社会科学文献出版社。

　　皮书是对中国与世界发展状况和热点问题进行年度监测，以专业的角度、专家的视野和实证研究方法，针对某一领域或区域现状与发展态势展开分析和预测，具备权威性、前沿性、原创性、实证性、时效性等特点的连续性公开出版物，由一系列权威研究报告组成。皮书系列是社会科学文献出版社编辑出版的蓝皮书、绿皮书、黄皮书等的统称。

　　皮书系列的作者以中国社会科学院、著名高校、地方社会科学院的研究人员为主，多为国内一流研究机构的权威专家学者，他们的看法和观点代表了学界对中国与世界的现实和未来最高水平的解读与分析。

　　自 20 世纪 90 年代末推出以《经济蓝皮书》为开端的皮书系列以来，社会科学文献出版社至今已累计出版皮书千余部，内容涵盖经济、社会、政法、文化传媒、行业、地方发展、国际形势等领域。皮书系列已成为社会科学文献出版社的著名图书品牌和中国社会科学院的知名学术品牌。

　　皮书系列在数字出版和国际出版方面成就斐然。皮书数据库被评为"2008~2009 年度数字出版知名品牌"；《经济蓝皮书》《社会蓝皮书》等十几种皮书每年还由国外知名学术出版机构出版英文版、俄文版、韩文版和日文版，面向全球发行。

　　2011 年，皮书系列正式列入"十二五"国家重点出版规划项目；2012 年，部分重点皮书列入中国社会科学院承担的国家哲学社会科学创新工程项目；2014 年，35 种院外皮书使用"中国社会科学院创新工程学术出版项目"标识。

法 律 声 明